Gunther Köhler

Basilisken
Helmleguane und Kronenbasili

Lebensweise • Pflege • Zucht

2., neu bearbeitete, stark erweiterte Auflage

64 Farbfotos
31 Zeichnungen und Diagramme

HERPETON
Verlag Elke Köhler

Meinem langjährigen Freund Alfred A. Schmidt gewidmet

Titel: Männchen von *Basiliscus plumifrons* in Bosawas, Nicaragua.
Titel Insert (oben): *Corytophanes cristatus* (Pico Bonito, Honduras).
Titel Insert (unten): Portrait von *Corytophanes cristatus*. Foto: D. Rittmann
Titel Rückseite: Pärchen der Kronenbasilisken *(Laemanctus longipes)*. Foto: F. Riedel
Foto Innenseite: *Basiliscus plumifrons* in Tortuguero, Costa Rica. Foto: W. Ferwerda
Foto Inhaltsverzeichnis: *Laemanctus serratus* im Exotarium, Zoo Frankfurt.

Köhler, Gunther
Basilisken
Helmleguane und Kronenbasilisken
Offenbach: Herpeton, 1999
ISBN 3-9806214-2-1

© 1999 Herpeton, Verlag Elke Köhler, Im Mittelfeld 27, D-63075 Offenbach
Fotos: Dr. Gunther Köhler, wenn nicht anders angegeben
Zeichnungen: E. u. G. Köhler
Layout und Satz: Elke Köhler
Druck: mt druck, Neu-Isenburg

Inhaltsverzeichnis

6. Kronenbasilisken (*Laemanctus*)

1. Einführung

Die Arten der Basiliskenverwandtschaft gehören zu den bizarrsten und eindrucksvollsten Vertretern der großen Familie der Leguane (Iguanidae). Die Griechen und Römer des klassischen Altertums betrachteten den Basilisk noch als ein abscheuliches und dem Menschen nach dem Leben trachtendes Fabeltier mit geflügeltem Leib, gekröntem Kopf und sporentragenden Hahnenbeinen. Der "giftige Basiliskenblick" sollte für Mensch und Tier tödlich sein. So schreibt GESNER 1589: "Der Basilisck im ledigen landt - Regiert / vnd ist auch fern bekant / Dann mit seinem athem alles toedt / Wegen seiner gefahr hatts grosse not."

Daß dies weit gefehlt ist, leuchtet jedem ein, der diese ungemein graziösen Echsen einmal in der Natur beobachtet oder im Terrarium gepflegt hat. Ein erwachsenes Stirnlappenbasilisk-Männchen im tropischen Regenwald anzutreffen, ist ein Erlebnis, welches man ebensowenig vergißt, wie die halbwüchsigen Helmbasilisken, welche die Wasseroberfläche eines Flusses "zu Fuß", also mit hoher Geschwindigkeit auf den Hinterbeinen rennend, überquert haben.

Abb. 1 u. 2: Der sagenumwobene Basilisk:
Links: Nach Vorstellungen des klassischen Altertums (nach T. SCHILDKAMP).
Oben: Im natürlichen Lebensraum in Tortuguero, Costa Rica (B. plumifrons).

Daß diese überaus attraktiven Echsen sehr begehrte Terrarienpfleglinge sind, ist nicht weiter erstaunlich. Um so erfreulicher ist es, daß Basilisken zu den wenigen Reptilienarten gehören, die auch sehr erfolgreich im Terrarium vermehrt werden. Die Arten der Basiliskenverwandtschaft unterliegen nicht den Regelungen des Washingtoner Artenschutz-Übereinkommens, so daß die Schwierigkeiten, mit denen wir es bei diesen faszinierenden Geschöpfen zu tun haben, weniger gesetzlicher als vielmehr biologischer Natur sind.

In der vorliegenden, erweiterten Ausgabe wurden alle Arten der Unterfamilie Basiliscinae einbezogen, neben den Basilisken (*Basiliscus*) auch die Helmleguane (*Corytophanes*) und Kronenbasilisken (*Laemanctus*).

Ziel dieses Buches ist es, aufbauend auf Kenntnissen aus der Freilandbiologie, die Pflege und die Zucht von Basilisken, Helmleguanen und Kronenbasilisken eingehend zu besprechen und die dabei auftretenden Probleme aufzuzeigen. Die grundlegenden Ausführungen über Pflege und Nachzucht von

Abb. 3. Zeichnung des Holotypus von *Basiliscus plumifrons* (COPE 1876).

Basilisken (Kap. 4) gelten weitgehend auch für die Arten der Gattungen *Corytophanes* und *Laemanctus*. Auf Abweichungen und Besonderheiten wird in den speziellen Kapiteln über diese Gattungen hingewiesen.

In den Kapiteln über die einzelnen Arten wurde besonderer Wert auf die Freilandbiologie sowie die Zusammenstellung von Zuchtdaten gelegt.

2. Systematik

Die Basilisken (Gattung *Basiliscus*) werden gemeinsam mit den Kronenbasilisken (Gattung *Laemanctus*) und Helmleguanen (Gattung *Corytophanes*) zur Unterfamilie Basiliscinae zusammengefaßt. Dieser systematische Begriff wurde erstmals von COPE (1900) eingeführt, der darunter jedoch nur die Gattungen *Basiliscus* und *Laemanctus* verstand. Erst ETHERIDGE (1959) faßte alle drei Gattungen unter der informellen Bezeichnung "Basiliscines" zusammen. Spätere Autoren folgten dieser Auffassung (z.B. ZUG 1971, ETHERIDGE & DE QUEIROZ 1988, LANG 1989a). FROST & ETHERIDGE (1989) haben die "Basiliscines" im Rahmen einer Revision der gesamten Iguania zur Familie ("Corytophanidae") aufgewertet, was jedoch umstritten ist (BÖHME 1990, LAZELL 1992). Der große, nach hinten gerichtete, knöcherne Fortsatz des Schädels, der vom Scheitelknochen gebildet wird und die Grundlage für den Helm darstellt, ist eines der 13 abgeleiteten Merkmale, die dokumentieren, daß die Basiliscinae eine geschlossene Abstammungsgemeinschaft (eine monophyletische Gruppe) bilden (ETHERIDGE & DE QUEIROZ 1988, LANG 1989a).

Abb. 4. Verwandtschaftsverhältnisse innerhalb der Basiliscinae.

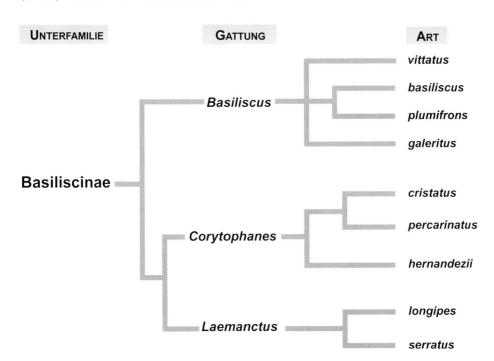

UNTERFAMILIE	GATTUNG	ART

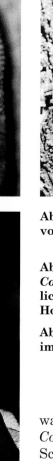

Abb. 5 (oben links). Nachzuchttier von *Corytophanes cristatus*.
Foto: D. Rittmann

Abb. 6 (oben rechts). Männlicher *Corytophanes cristatus* im natürlichen Lebensraum (Pico Bonito, Honduras).

Abb. 7 (unten). *Laemanctus serratus* im Terrarium. Foto: M. Vesely

Innerhalb der Basiliskenverwandtschaft stehen die Gattungen *Corytophanes* und *Laemanctus* im Schwestergruppenverhältnis zueinander, sind also näher miteinander verwandt als jede dieser Gattungen mit *Basiliscus* (s. Abb. 4).

Abb. 8 (oben). *Basiliscus plumifrons*
im Terrarium.   Foto: I. Kober

Abb. 9 (rechts). *Basiliscus vittatus*
(Utila, Honduras).

Die Arten der Gattung *Basiliscus* lassen sich durch das gemeinsame Vorhandensein der folgenden Merkmale von den übrigen Leguangattungen abgrenzen:

- mit häutigen Säumen versehene Zehen (s. Abb. 15, S. 18)

- hohe häutige, von Knochenleisten gestützte Kopflappen (sind nur bei den Männchen voll ausgebildet)

- Helm und Rückenkamm, sowie Rücken- und Schwanzkamm sind durch kurze kammlose Partien voneinander getrennt

3. Erwerb und Eingewöhnung

Man sollte unbedingt versuchen, an Nachzuchttiere zu gelangen, um den Import von Wildfängen nicht zu unterstützen. Außerdem sind diese aus der Natur entnommenen Tiere durch Fang, Hälterung, Transport und Aufenthalt beim Groß- und Einzelhändler meist äußerst verstört, schreckhaft, abgemagert und krank (insbesondere leiden die meisten von ihnen unter blutig aufgestoßenen Schnauzen sowie starkem Parasitenbefall).

Auch Nachzuchttiere sind oft nicht parasitenfrei, jedoch stabiler und haben weit weniger schlechte Erfahrungen mit dem Menschen gemacht. Sie verhalten sich deshalb ruhiger und umgänglicher als ihre aus der Natur entnommenen Artgenossen. Aufgrund der mittlerweile regelmäßigen Zuchterfolge - zumindest bei *Basiliscus plumifrons*, *Basiliscus vittatus* und *Laemanctus serratus* - ist es meist nicht sehr schwierig, an im Terrarium vermehrte Basilisken und Kronenbasilisken zu gelangen. Hingegen zählen Zuchterfolge bei Helmleguanen immer noch zu seltenen Ereignissen, so daß Nachzuchttiere kaum verfügbar sind.

Grundsätzlich gewöhnen sich Jungtiere leichter ein als adulte Exemplare, die durch den Streß oft wochenlang das Futter verweigern und sich dann Erkrankungen wie z. B. Lungenentzündungen, Abszesse, Gelenkentzündungen und entzündliche Veränderungen im Maulbereich zuziehen können, die bei eingewöhnten, parasitenfreien Terrarientieren eher die Ausnahme sind.

Unabhängig davon, woher man eine Echse übernimmt - selbst wenn es sich um das langjährige Tier des besten und zuverlässigsten Freundes handelt! - ist eine sorgsam durchgeführte sechs bis achtwöchige **Quarantäne** ein unbedingtes Muß. Man kann nie ausschließen, daß ein Tier eine ruhende (latente) Infektion hat, daß es also potentielle Krankheitserreger beherbergt, klinisch jedoch gesund ist. Der Streß des Orts- und Besitzerwechsels, verbunden mit oftmals gravierenden Veränderungen in bezug auf Umgebung, Klima, Futter, vergesellschaftete Tiere, Keimdruck und Betreuer, kann dazu führen, daß sich die Abwehrlage des betroffenen Tieres verschlechtert, vorhandene Erreger sich stark vermehren, und es eventuell schließlich klinisch krank wird.

Abhängig davon, um welche Krankheitserreger es sich handelt, muß man dann im Falle einer versäumten Quarantäne nicht nur das Tier, welches die Erkrankung eingeschleppt hat, sondern auch alle anderen, die mit ihm Kontakt hatten, behandeln. Da nicht alle infektiösen Erkrankungen heilbar sind, kommt dann zu dem Mehraufwand in bezug auf die Behandlung noch das Risiko, wertvolle Tiere aus dem eingewöhnten Bestand zu verlieren.

Die Quarantänebehälter müssen leicht zu reinigen und zu desinfizieren sein. Um den Tieren auch im Quarantäneterrarium pflanzliches Grün und Sichtschutz zu bieten, gibt man mehrere gut belaubte Äste in einem Wassergefäß in den Behälter. Eichenlaubäste halten etwa zwei Wochen und müssen dann ausgewechselt werden.

Um zu vermeiden, daß insbesondere die sehr lebhaften Basilisken sich die Schnauzen an den Glasscheiben wund reiben, werden Rück- und Seitenwände von Außen mit einem Sichtschutz (im einfachsten Fall Zeitungspapier) versehen. Auch an der Frontscheibe sollte unten eine etwa 20 cm hohe, undurchsichtige Blende angebracht werden. Günstig ist es, die Äste so zu befestigen, daß sie bis nahe an die Frontscheibe reichen, um zu verhindern, daß die Tiere aus gewissem Abstand mit voller Wucht gegen diese springen. Blutig aufgestoßene Schnauzen werden, solange sie sich nicht entzündet haben, täglich mit Unguentolan Wund- und Brandsalbe (Lebertransalbe) behandelt. Bei infizierten und eiternden Verletzungen wendet man nach sorgfältiger Säuberung der Wunde zunächst Betaisodona-Salbe an, bis die Entzündung abgeklungen ist.

In einem Quarantänebecken für Basilisken darf selbstverständlich auch ein leicht zu reinigendes Wasserbecken nicht fehlen. Da dieses jedoch oftmals den Schwachpunkt in der Hygiene darstellt, muß es unbedingt täglich gereinigt und in wöchentlichen Abständen desinfiziert werden. In der Umgebung von Reptilien sollte man ausschließlich Desinfektionsmittel auf Peroxid- (z. B. Lysoval oder Apesin) oder Alkoholbasis, keinesfalls aber phenolhaltige Präparate (z. B. Sagrotan) verwenden (KÖHLER 1989).

Die Echsen werden gleich zu Beginn gründlich untersucht, wobei insbesondere auf Außenparasiten wie Milben sowie auf Schwellungen, Verletzungen und Hautveränderungen geachtet wird.

Um **Magen-Darm-Parasiten** feststellen zu können, müssen wiederholt Kotproben zur parasitologischen Untersuchung gegeben werden, wobei auch das Ansetzen von Amöbenkulturen empfehlenswert ist. Im Falle eines positiven Parasitenbefundes werden die Leguane gezielt mit Antiparasitika behandelt.

Die Behandlung von **Protozoen** sollte in Zusammenarbeit mit einem reptilienkundigen Tierarzt erfolgen, da sie meist aufwendig und langwierig ist und die eingesetzten Medikamente oftmals recht unverträglich sind.

Fadenwürmer (Nematoden) lassen sich in der Regel problemlos mit Panacur (40-50 mg Fenbendazol/kg KM p. o.) abtreiben. Der Behandlungserfolg muß durch erneute parasitologische Kotuntersuchungen überprüft werden. Von der Infektion mit einer Parasitenart bis hin zur Ausscheidung der mikroskopisch nachweisbaren Stadien verstreicht eine gewisse Zeit, die von wenigen Tagen bis Monaten reichen kann. Aus diesem Grund hängt die

Abb. 10. Jungtiere gewöhnen sich leichter ein. Foto: I. Kober

Zeigefinger gebildete Hautfalte verstreicht bei ausgetrockneten Echsen nur sehr zögernd oder gar nicht. Sie liegen die meiste Zeit apathisch mit geschlossenen Augen auf einem Ast oder gar auf dem Boden und nehmen kaum Anteil an ihrer Umgebung.

Stark abgemagerten und exsikkotischen (= ausgetrockneten) Basilisken muß so schnell wie möglich physiologische Elektrolytlösung und leichtverdauliche Nahrung zugeführt werden. Derartig geschwächte Tiere nehmen in der Regel freiwillig nichts mehr zu sich und müssen zwangsgefüttert werden. Meist reißen selbst dem Tode nahestehende Basilisken noch das Maul auf, wenn sie ergriffen werden, so daß das Öffnen des Mauls in der Regel kein Problem darstellt. Bei Helmleguanen kann man das Maul öffnen, indem man den Kopf mit einer Hand fixiert und mit der anderen vorsichtig die Kehlfahne nach unten zieht. Wenn eine Echse schon längere Zeit nichts mehr gefressen hat, ist ihr Verdauungsapparat nicht auf schwerverdauliche Nahrung eingestellt. Ein kompaktes großes Futtertier würde lediglich einige Zeit im Magen der Echse liegen, um dann schließlich angedaut wieder erbrochen zu werden. Dies bedeutet eine unnötige Belastung sowie einen starken Flüssigkeits- und Elektrolytverlust für das ohnehin schon geschwächte Tier.

Effektivität einer Quarantäne ganz entscheidend von der Dauer sowie von der Sorgfalt bei Hygiene, Diagnostik und Therapie ab.

Ein gesunder Basilisk ist aufmerksam und neugierig. Aktive Phasen, in denen die Tiere fressen, baden, imponieren, balzen oder einfach nur ihre Umgebung erkunden, wechseln sich mit solchen ab, in denen sie sich sonnen oder ruhen. Kronenbasilisken und Helmleguane hingegen sind von Natur aus sehr ruhige Zeitgenossen, die die meiste Zeit unbeweglich verharren.

Schwerkranke Echsen weisen eingesunkene Augen, hervorstehende Beckenknochen und Muskelschwund an Extremitäten und Schwanz auf. Eine mit Daumen und

Man ist besser beraten, wenn man solchen Patienten zunächst nur leichtverdauliche flüssige Nahrung eingibt. Dazu wird ein Holzspatel ins geöffnete Maul geschoben und ein weicher Gummischlauch über Zunge und Luftröhrenöffnung hinweg in die Speiseröhre bis etwa auf Höhe des Schultergelenks eingeführt. Die ersten ein bis zwei Tage erhalten nahezu verhungerte Exemplare Präparate wie z.B. Amynin und Boviserin. Danach beginnt man, Baby-Nahrung (z.B. Alete) hinzuzumischen, wobei man mit Karotten beginnt und nach und nach zu proteinhaltigeren Sorten übergeht.

Grundsätzlich sollte man mehrmals täglich kleinere Mengen verabreichen (jeweils etwa 8-15 ml pro kg Körpergewicht). Zusätzlich gibt man den meist mehr oder weniger ausgetrockneten Tieren 20-30 ml pro kg Körpergewicht einer sterilen physiologischen Elektrolytlösung, z.B. Ringer-Lösung. Nach einigen Tagen, wenn sich der Zustand des Basilisken stabilisiert hat und er möglichst Kot und Harnsäure abgesetzt hat, kann man beginnen, Insekten beizufüttern. Hierzu schiebt man vorsichtig ein - nicht zu großes! - Insekt zwischen die geöffneten Kiefer. Damit der Basilisk das Futtertier nicht einfach wieder ausspuckt, begrenzt man sein Maul seitlich mit Daumen und Zeigefinger so lange, bis er zu schlucken beginnt. Die Zwangsfütterung wird fortgesetzt, bis das Tier wieder freiwillig genügend große Mengen Nahrung zu sich nimmt.

Abb. 11. Gesunde Tiere sind aufmerksam und neugierig.   Foto: F. Riedel

Um sicherzugehen, daß auch die scheueren Exemplare genügend Futter aufnehmen, ist es empfehlenswert, eine - entsprechend hohe und undurchsichtige - Schale mit Futterinsekten (z.B. Schaben, Zophobas) ständig im Terrarium stehen zu lassen.

Ich empfehle jedem Basiliskenpfleger, der "Deutschen Gesellschaft für Herpetologie und Terrarienkunde e.V." (DGHT) und der "Arbeitsgemeinschaft für Leguane IGUANA in der DGHT" beizutreten. Diese AG gibt eine interne Informationsschrift ("IGUANA-Rundschreiben") mit Berichten über Pflege, Zucht, Erkrankungen etc. von Iguaniden (inkl. Basilisken), ein Mitgliederverzeichnis und Literaturlisten zu den verschiedenen Leguangattungen heraus. Einmal jährlich veranstaltet die AG eine spezielle Fachtagung.

4. Basilisken (*Basiliscus*)

Der Name "Basilisk" kommt von dem Griechischen "basiliskos" und bedeutet soviel wie "kleiner König". Im Englischen werden Basilisken "Basilisks" oder "Basilisk lizards" genannt. In Mittelamerika hat die Fähigkeit über das Wasser zu laufen, dieser Echse den Namen "Iguana Jesucristo" eingebracht. Allerdings hat sie lokal noch eine Reihe weiterer Bezeichnungen und heißt zum Beispiel in Yucatán (Mexico) und El Petén (Guatemala) "Toloque", in Oaxaca (Mexiko) "Charragiri" oder auch "Tetereque" und in Tortuguero (Costa Rica) "Cherepo" (DUELLMAN 1963, HIRTH 1963, KÖHLER unveröff.). In Belize wird *Basiliscus vittatus* "Maldakka" oder auch "Cock Lizard" genannt (HENDERSON & HOEVERS 1975).

4.1. Verbreitung und Lebensraum

Das Verbreitungsgebiet der Basilisken reicht von Jalisco und dem südlichen Tamaulipas in Mexiko über Mittelamerika bis zur Pazifikküste von Ecuador, Kolumbien und dem nordwestlichen Venezuela (s. Verbreitungskarten im Artenteil). In Süd-Florida (Dade und Broward Counties) haben sich, resultierend aus entkommenen (oder ausgesetzten) Terrarienpfleglingen, erfolgreich reproduzierende Populationen von *Basiliscus vittatus* etabliert (ASHTON & ASHTON 1991, STILING 1989, WILSON & PORRAS 1983).

Basilisken findet man im Flachland bis etwa 1200 m NN in einer Vielzahl von Biotopen, die allerdings das Vorhandensein von Wasser in Form von Bächen, Flüssen, Seen, Teichen, Sümpfen, Wasserlöchern oder Brunnen gemeinsam haben. Dort leben diese Echsen semiarborikol und semiaquatisch.

Das **Klima** im Lebensraum von Basilisken ist tropisch feucht-warm mit Tagestemperaturen von 28-33 °C, die nachts auf Werte von 20-25 °C sinken (vgl. S. 92).

4.2. Natürliche Feinde und Fluchtverhalten

Basilisken haben viele natürliche Feinde, wobei Krokodile, Schlangen, Säugetiere und Vögel gleichermaßen von Bedeutung sind. Sie wenden eine Reihe von Strategien an, um potentiellen Beutegreifern zu entgehen. Als ausgesprochene »Augentiere« besitzen diese Echsen ein gutes Sehvermögen und sind sehr aufmerksam. Daß Basilisken sich in den gefährlichsten ersten Lebensmonaten in Gruppen aufhalten, kommt ihnen zugute, da mit der Gruppengröße die Wahrscheinlichkeit wächst, daß eines der Tiere eine Gefahr rechtzeitig erkennt. Erschrickt und flüchtet ein Basilisk, so folgen die anderen unmittelbar. Dies gilt auch nachts, da sie sehr dünne Zweige, die sich leicht bewegen und mechanisch die Bewegungen eines Tieres weiterleiten, als Schlafplätze auswählen. Beutegreifer leben meist solitär und greifen nur maximal ein Tier aus der Gruppe. Viele auf einmal flüchtende Basilisken können auf einen Prädator verwirrend wirken. Die Fluchtdistanz - insbesondere adulter Basilisken - beträgt mehrere bis viele Meter. Wenn ein Basilisk einen Menschen erblickt, so pflegt er oftmals mit dem Kopf einige nickende Bewegungen zu machen. Einmal aufgeschreckt, rennen diese scheuen Tiere auf den Hinterbeinen mit erhobenem Schwanz und schräg aufgerichtetem Körper (vgl. Abb. 12) mit großer Geschwindigkeit durch das Laub, was besonders während der Trockenzeit weithin hörbar ist.

Am Ufer eines Baches sitzende Jungtiere, die von einer Person aufgeschreckt wurden, rennen blitzschnell über das Wasser an das andere Ufer, wo sie kurz verweilen, um den Eindringling zu beäugen. In Manuel Antonio, Costa Rica, habe ich junge Helmbasilisken dabei beobachten und filmen können (Abb. 13), wie sie sogar schnell fließende Bäche mühelos bipedal

überquert haben. Erwachsene Helmbasilisken sind aufgrund ihres höheren Körpergewichts nicht in der Lage, längere Distanzen über die Wasseroberfläche zu laufen. Sie sinken nach wenigen Schritten ein, um unterzutauchen und die verbleibende Strecke, den Blicken des Beobachters entzogen, unter Wasser wegzuschwimmen. Auch Jungtiere können vorzüglich schwimmen und tauchen, neigen aber mehr dazu, über die Wasseroberfläche zu laufen, was sie weniger verletzlich durch aquatile Beutegreifer macht.

Wichtige anatomische Voraussetzungen für das Laufen auf der Wasseroberfläche sind die breiten häutigen Zehensäume zur Vergrößerung der Auftrittsfläche und der relativ schwere Schwanz als Gegengewicht für den erhobenen Körper (LAERM 1973, SNYDER 1949).

Im Laufe des Wachstums verschiebt sich das Schwanzlängen/KRL-Verhältnis deutlich zu Gunsten des Schwanzes. Bei frisch geschlüpften Streifenbasilisken ist dieses Verhältnis 2,3-2,5:1, während es bei den Adulti über 3,0:1 beträgt (HIRTH 1963). Da der Schwanz wie erwähnt als Gegengewicht zum Rumpf beim bipedalen Laufen auf den Hinterbeinen dient, wirkt sich die Proportionsänderung zu Gunsten des Schwanzes sehr förder-

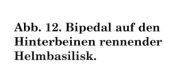

Abb. 12. Bipedal auf den Hinterbeinen rennender Helmbasilisk.

15

lich auf das bipedale Laufen aus. Basilisken, die aus irgendeinem Grund mehr als ein Drittel ihres Schwanzes verlieren, sind bis zur Regeneration des entsprechenden Stückes nicht in der Lage, bipedal auf den Hinterbeinen zu rennen (Hirth 1963, Snyder 1949, 1954).

Gleichgültig, ob sich der Basilisk auf dem Erdboden oder auf der Wasseroberfläche bewegt, vollführen die Zehen durch die Gewichtsbelastung beim Aufsetzen eine Drehbewegung um die Längsachse. Beim Aufsetzen auf die Wasseroberfläche strömt jedoch Wasser in den Spalt zwischen dem häutigen Zehensaum und der Zehe selbst, wodurch dieser - rein passiv, also ohne Muskelaktivität des Tieres -

Abb.13. Filmsequenz eines über das Wasser laufenden Helmbasilisken in Manuel Antonio, Costa Rica.

Abb.14. Lebensraum in Tortuguero, Costa Rica. Insert: *B. plumifrons* (Rio Chiquito, südl. Nicaragua).

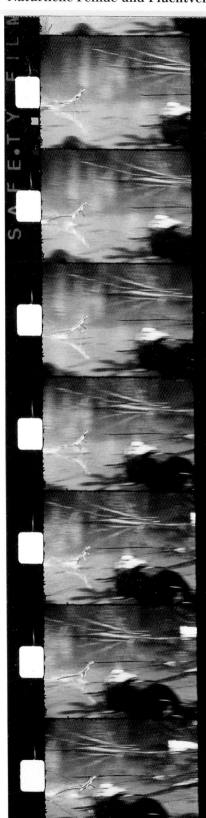

Abb. 15. Zehe eines Basilisken. Man beachte den häutigen Zehensaum.

seitlich ausgespannt wird und somit zu einer erheblichen Vergrößerung der Auftrittsfläche führt (vgl. Abb. 16).

COPE (1875) war der erste, der beschrieb, wie Basilisken bipedal über das Wasser rennen. BELLAIRS (1969) maß die Geschwindigkeit über die Wasseroberfläche rennender Basilisken und ermittelte 10,9 Stundenkilometer, während RAND & MARX (1967) sogar etwa 12 Stundenkilometer angeben.

GLASHEEN & MCMAHON (1996a) haben ein hydrodynamisches Modell für das Laufen von Basilisken auf der Wasseroberfläche entwickelt. Sie konnten zeigen, daß der hauptsächliche Auftriebsimpuls dadurch entsteht, daß der Basilisk mit den Hinterbeinen jeweils eine Luftkammer unter Wasser drückt und das Bein wieder aus dem Wasser zieht, bevor die Luftblase kollabiert. Der gesamte Vorgang setzt sich zusammen aus drei Phasen (Abb. 17): (1) der Basilisk schwingt sein Bein durch die Luft und setzt den Fuß auf die Oberfläche auf; (2) das Bein taucht ins Wasser ein, wobei eine Luftkammer entsteht, weil Luft hinter dem Fuß einströmt; (3) das Bein wird innerhalb der Luftkammer wieder hochgezogen, wodurch kein Sog nach unten entsteht, da die Luft nur minimalen Widerstand bietet.

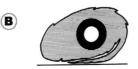

Abb. 16. Schematische Darstellung der Zehe mit Zehensaum (Querschnitt) nach LAERM (1974).

A. Vor dem Aufsetzen auf die Oberfläche.

B. Nach dem Aufsetzen auf den Erdboden. Man beachte den angelegten Zehensaum.

C. Nach dem Aufsetzen auf die Wasseroberfläche. Der Zehensaum wurde durch das in den Spalt zwischen Zehe und Saum gedrückte Wasser aufgespannt.

Ein frisch geschlüpfter Basilisk, der etwa 2 g wiegt, kann beim bipedalen Laufen auf dem Wasser einen maximalen Aufwärtsimpuls erzeu-

Laufen auf der Wasseroberfläche

Abb. 17. Hydrodynamisches Modell in 3 Phasen (nach GLASHEEN & MCMAHON 1996a). Die entstandene Luftblase erzeugt einen Auftrieb.

gen, der mehr als doppelt so stark ist (225%) als notwendig wäre, um den Körper vor dem Einsinken zu bewahren (GLASHEEN & MCMAHON 1996b). Ein erwachsenes Tier von 200 g hingegen erzeugt einen maximalen Aufwärtsimpuls, der gerade genügt (111%), um ein Laufen auf der Wasseroberfläche zu ermöglichen (GLASHEEN & MCMAHON 1996b). Die Leichtigkeit, mit der juvenile Basilisken über das Wasser laufen, wird dadurch deutlich, daß sie auch unter Wasser starten können, um nach wenigen Schritten ihren Körper über die Oberfläche zu erheben und auf dem Wasser weiter rennen.

Unter Terrarienbedingungen läßt sich das spektakuläre bipedale Laufen über Wasserflächen nur in den seltensten Fällen beobachten, da die Behälter und die Wasserbecken in der Regel zu klein sind und die dieses Fluchtverhalten auslösenden Stimuli bei vernünftigen Pflegebedingungen kaum vorhanden sind.

Werden Basilisken ergriffen, schlagen sie mit ihrem kräftigen Schwanz, kratzen, setzen Kot ab und versuchen zu beißen. Zumindest Jungtiere sind in der Lage, ein verloren gegangenes Schwanzstück in recht kurzer Zeit zu regenerieren.

Die Nester von Basilisken werden von einer ganzen Reihe von natürlichen Feinden bedroht. Ameiven (*Ameiva* sp.) und Nasenbären (*Nasua nasua*) wurden beim Plündern von Basiliskengelegen beobachtet (ORTLEP 1965, LIEBERMANN 1980). Weitere potentielle Nesträuber sind der Spitzkopfpython (*Loxocemus bicolor*), der Nordamerikanische Waschbär (*Procyon lotor*), die Vieraugen-Beutelratte (*Philander opossum*), das Nordopossum (*Didelphis marsupialis*), der Ozelot (*Felis* [=*Leopardus*] *pardalis*), die Wieselkatze (*Felis* [=*Herpailurus*] *yagouaroundi*), der Tayra-Marder (*Eira barbara*), der Halsbandpekari (*Tayassu tajacu*) und das Neunbinden-Gürteltier (*Dasypus novemcinctus*).

4.3. Pflege im Terrarium

4.3.1. Das Terrarium

Basilisken benötigen aufgrund ihrer Lebhaftigkeit und Größe ein sehr geräumiges Regenwaldterrarium, das praktisch nicht zu groß sein kann. Als Mindestgröße für ein Männchen und zwei bis drei Weibchen sind 150 x 80 x 180 cm (LBH) anzusehen, wobei die Höhe des Terrariums eine große Bedeutung hat. Besonders geeignet sind Gewächshäuser mit tropisch feuchtwarmem Klima oder entsprechend isolierte und umgebaute Räume, die üppig bepflanzt und mit einem Teich ausgestattet werden.

Abb. 18. Das Terrarium für Basilisken sollte üppig bepflanzt sein. Foto: I. Kober

Wegen der Schreckhaftigkeit der Tiere und um ihnen zusätzliche Kletterflächen zu bieten, werden Rück- und Seitenwände mit Rinde, Torfplatten, Kork o. ä. beklebt (z. B. mit Silikon). Die Einrichtung des Basiliskenterrariums besteht aus knorrigen stark verzweigten Ästen, deren Durchmesser der Größe der Tiere angemessen sein muß, sowie einer üppigen Bepflanzung mit robusten Regenwaldarten wie z. B. *Monstera, Philodendron, Maranta, Scindapsus, Ficus*, Farnen und Bromelien. Insbesondere für Schauterrarien mit Bildungsaufgabe sollten jedoch nur neotropische Pflanzen verwendet werden, keinesfalls welche aus "fremden" zoogeographischen Regionen. Dies ist jedoch eine rein didaktische und keine terrarienpraktische Frage! Echte Pflanzen sollten gegenüber Kunst-

Abb. 19. Pärchen von *B. plumifrons* im Terrarium. Foto: I. Kober

Abb. 20. Zur Grundausstattung gehört ein großes Wasserbecken mit Ablauf zur besseren Reinigung (Exotarium, Zoo Frankfurt).

stoffpflanzen immer bevorzugt werden, da erstere das Terrarienklima positiv beeinflussen.

Verstecke in Form von dichter Vegetation, dunklen Ecken und Korkröhren dürfen im Basiliskenterrarium nicht fehlen.

Ein großes, leicht zu säuberndes **Wasserbecken** ist unbedingt notwendig und wird von den Basilisken zum Trinken, Baden, Schwimmen und Abkoten aufgesucht. Damit keine Aquarienheizstäbe oder ähnlich zerbrechliche Gegenstände im Wasserbecken installiert werden müssen, sollte es von unten beheizt werden. Die Wassertemperatur wird auf 25-28°C eingestellt.

Als **Bodensubstrat** eignet sich ein Blumenerde-Gartentorf-Gemisch oder Rindenmulch, welcher immer leicht feucht gehalten wird.

Die tägliche **Beleuchtungsdauer** unterliegt entsprechend der geographischen Herkunft der Tiere einem jährlichen Zyklus (vgl. Tab. 1). Zur Ausleuchtung des Terrariums haben sich HQI-Strahler, die ein ausgezeichnetes Spektrum besitzen, sehr bewährt. Die von ihnen erzeugte Helligkeit ist bei verhältnismäßig sparsamem Stromverbrauch überaus zufriedenstellend.

Die **Lufttemperaturen** sollten tagsüber bei 28 bis 30°C liegen und können nachts auf 20-25°C absinken. Mittels Heizstrahler müssen einige Plätze zum Sonnen geschaffen werden, an denen die Temperatur bis auf 40°C ansteigt.

Die relative **Luftfeuchte** sollte nicht zu gering sein und tagsüber 70-90% betragen und nachts auf 90-100% ansteigen. Zur Regenzeit (vgl. S. 92) wird im Terrarium zwei bis dreimal täglich ausgiebig gesprüht. Während der Trockenzeit genügt drei- bis viermaliges Beregnen pro Woche.

4.3.2. Besatzdichte und Vergesellschaftung

Man sollte nur ein Männchen mit zwei oder drei Weibchen zusammen pflegen, da untergeordnete Männchen einem permanenten Streß durch das dominante Tier ausgesetzt sind. Auch wenn Beißereien die Ausnahme sind, halten sich rangniedere Männchen nur noch im unteren Bereich des Terrariums auf, ziehen sich zurück und fressen weniger. Schließlich beginnen sie deutlich zu kümmern, magern ab und nehmen eine unscheinbare dunkle Färbung an. Wenn sie nicht spätestens zu diesem Zeitpunkt in ein separates Terrarium gesetzt werden, sind sie ernsthaft gefährdet. Ist der Druck durch das dominante Männchen erst einmal weggefallen, erholen sich diese Basilisken meist in wenigen Tagen. Auch Weibchen können untereinander unverträglich sein, was jedoch meist nur vorübergehend ist.

Am günstigsten ist es, ein Männchen mit drei Weibchen zusammen zu pflegen, damit sich der Sexualtrieb des Männchens auf mehrere Weibchen verteilt. Da es vorkommt, daß Basiliskenweibchen nach mehreren Gelegen in Folge an Entkräftung sterben, kann es trotz allem nötig sein, das Männchen zeitweise von den Weibchen zu trennen, damit sich diese von den Fortpflanzungsstrapazen erholen können.

Keinesfalls dürfen juvenile Basilisken zu adulten gesetzt werden, da erwachsene Basilisken Jungtiere der eigenen Art fressen.

Ich habe selbst mit angesehen, wie ein adultes Helmbasilisken-Männchen in einem Reptilienzoo in San José, Costa Rica, einen jungen Artgenossen fraß.

Mehrere Basiliskenarten zusammen in einem Terrarium zu pflegen, ist nicht empfehlenswert, da mit unerwünschten Hybridisierungen zu rechnen ist. Bisher sind unter Terrarienbedingungen Kreuzungen zwischen *Basiliscus basiliscus* und *B. vittatus* sowie zwischen *B. galeritus* und *B. basiliscus* bekannt geworden (PERRON 1978, LUTTENBERGER 1981).

Ich rate davon ab, Basilisken mit Echsen anderer zoogeographischer Herkunft zu vergesellschaften. Selbst mit Arten, die ähnliche ökologische Nischen besetzt haben, kann es zu Problemen kommen. So wurde berichtet, daß eine erwachsene Segelechse (*Hydrosaurus amboinensis*; KRL 265 mm) ein mit ihr vergesellschaftetes erwachsenes Basiliskenweibchen (*Basiliscus vittatus*; 100 mm KRL) gefressen hatte (WATKINS-COLWELL 1993). Auch kann es vorkommen, daß die als

Echsenfresser bekannten Basilisken kleinere Terrariengenossen töten. Ein Weibchen von *B. plumifrons* erstickte bei dem Versuch, einen adulten Taggecko (*Phelsuma madagascariensis grandis*) zu verschlingen (I. KOBER schriftl. Mitt. 1999).

Von einer Vergesellschaftung mit Schildkröten ist dringend abzuraten, da diese oft klinisch gesunde Dauerausscheider von Parasiten (*Entamoeba invadens*) sind.

Echsen sterben jedoch innerhalb weniger Wochen an einer *Entamoeba*-Infektion. Wenn man neben Echsen auch Schildkröten - in separaten Terrarien - pflegt, sollte man grundsätzlich erst die Echsenterrarien versorgen, bevor man sich mit den Terrarien der Schildkröten befaßt (KÖHLER 1992).

4.3.3. Ernährung

Basilisken haben ein breites Nahrungsspektrum und erbeuten an Futtertieren praktisch alles, was sie überwältigen und verschlingen können. Im natürlichen Lebensraum fressen Basilisken vor allem wasserliebende und baumbewohnende Arten wie z.B. Gliedertiere, Schnecken, Fische, Frösche, Echsen und junge Vögel, was auf die bevorzugten Aufenthaltsorte der Konsumenten hinweist. Basilisken sind keine sehr aktiven Jäger. Man kann sie eher dabei beobachten, wie sie lange Zeit ruhig auf einem Ast sitzen, wobei sie nur ihren Kopf und ihre Augen bewegen. Wenn sie dann ein Insekt entdecken, vollführen sie einen wohlgezielten Sprung und ergreifen das Beutetier. In vielen Fällen kehren sie mit dem Futtertier im Maul auf ihren Sitzplatz zurück, um es hinunterzuschlucken. Die Beute wird kaum durchgekaut, sondern mit wenigen kräftigen Kieferbewegungen verschlungen. Während und unmittelbar nach dem Schluckakt kann man häufig beobachten, wie der Basilisk heftig mit dem Kopf nickt. Basilisken, die vor allem visuell ihre Beute finden, können die Bewegungen eines Insekts aus mindestens 1,5 m Entfernung sehen (HIRT 1963).

Die Grundlage des Nahrungsplans im Terrarium gepflegter Basilisken bilden die verschiedensten handelsüblichen Insekten wie z.B. Grillen, Heimchen, Wanderheuschrecken, Wachsmotten und deren Larven, Zophobas, Argentinische Riesenschaben und bei Jungtieren auch Fliegen. Zusätzlich zur tierischen Nahrung sollte man zwei bis drei Mal wöchentlich ein Gemisch aus Früchten (Bananen, Pfirsiche, Melonen, Erdbeeren, Äpfel, Birnen, Weintrauben, Kirschen etc.), Gemüsen (geriebene Karotten, Gartenkräuter), Keimlingen und Blüten anbieten, welches von vielen erwachsenen Basilisken gerne angenommen wird.

Kleine Beutetiere werden mit der Zunge festgeleimt und ins Maul gezogen, große mit den Kiefern ergriffen. Beutetiere, die sich in das Bodensubstrat eingraben, werden

Abb. 21. Basilisken halten sich gerne in der Nähe von Wasser auf (*B plumifrons* im Exotarium, Zoo Frankfurt).

Auf eine ausreichende und regelmäßige Versorgung der Basilisken mit Vitaminen und Mineralstoffen ist unbedingt zu achten. Bei einigen **Vitaminen** (vor allem bei den Vitaminen A und D) sind Überdosierungen genauso gefährlich wie eine Unterversorgung. Deshalb sollten alle Vitamingaben sorgfältig protokolliert und die Tiere regelmäßig gewogen werden. Nur so hat man einen Überblick, wie viele I.E. ("Internationale Einheiten" = Maßeinheit für Vitamine) eines betreffenden Vitamins die Tiere erhalten haben.

Als **Richtdosierung** gelten 50-100 I.E. D3/kg KM wöchentlich (KÖHLER 1998). BLAKE (1988) gibt sogar über 3000 I.E. Vitamin D3/kg KM wöchentlich an.

Das von mir überwiegend eingesetzte Multivitamin-Präparat Multi-Mulsin enthält - soweit das für Echsen bekannt ist - die einzelnen Vitaminkomponenten in günstiger Zusammensetzung und wird von den Basilisken meist anstandslos genommen. Man sollte diese Tropfen jedem Tier gezielt verabreichen, z. B. mit einem Futtertier. Weitere geeignete - allerdings oftmals von den Echsen nicht gern angenommene - Vitaminpräparate sind Multibionta und Crescovit.

Der **Mineralstoffversorgung** der Tiere kommt ebenfalls eine große Bedeutung zu. Dies gilt in besonderem Maße für Weibchen, die

mit raschen Scharrbewegungen der Vorderextremitäten wieder freigelegt. Weiterhin werden Regenwürmer, kleine Fische und nestjunge Mäuse von den meisten Tieren gierig verschlungen. Im Fischfangen sind insbesondere Helm- und Stirnlappenbasilisken sehr geschickt und erfolgreich. Die Tiere vollführen Sprünge von 1 bis 1,5 m und erbeuten die Fische zielsicher im Stoßtauchverfahren (S. FURTWÄNGLER mündl. Mitt. 1992, LUTTENBERGER 1981).

> Basilisken haben ein großes **Trinkbedürfnis** und nehmen täglich Wasser zu sich, das sie entweder in Tropfenform auflecken oder durch saugendes Trinken beim Baden zu sich nehmen.

Erwachsene Basilisken werden vier bis fünf Mal pro Woche gefüttert. Bei täglicher Fütterung neigen die Tiere zur Verfettung. Jungtiere können hingegen täglich Futter erhalten.

ein Gelege nach dem anderen produzieren. Insekten besitzen einen geringen Calcium- aber hohen Phosphorgehalt. Um dieses ungünstige Verhältnis aufzubessern, sollte man zwei Methoden parallel anwenden. Zum einen werden alle Insekten unmittelbar vor dem Verfüttern an die Basilisken mit einem Mineralstoffpulver eingestäubt, was durch Schütteln der Futtertiere in einem mit dem Pulver gefüllten Glas ohne größeren Aufwand möglich ist. Zum anderen sollte man die Futtertiere mit einem mineralstoff- und vitaminreichen Futter ernähren, um sie ernährungsphysiologisch wertvoller zu machen.

Hierzu mischt man pulverisierte Mäuse- oder Geflügelpellets (10 Teile) mit Korvimin ZVT (1 Teil) und Multi-Mulsin (1 Teil) und fügt soviel Wasser hinzu, daß eine Paste entsteht, die dann an die Insekten (Grillen, Schaben, Mehlwürmer etc.) verfüttert wird. Innerhalb von zwei Tagen verbessert sich dadurch das Calcium-Phosphor-Verhältnis der Insekten von ursprünglich 0,1:1 auf 1,5-1,7:1, bei einer Steigerung des Calciumgehaltes von 0,1% auf 1,4% (ALLEN et al. 1989). Auf ähnliche Weise läßt sich der Calciumgehalt von Wachsmottenlarven steigern (STRZELEWITCZ et al. 1985).

Bei ausreichender Versorgung der Basilisken mit Mineralstoffen und Vitamin-D3 über die Nahrung, können die Tiere auch ohne UV-Bestrahlung gesund aufgezogen werden (BLAKE 1988, GEHRMANN et al. 1991, I. KOBER schriftl. Mitt.

Abb. 22. Helmbasilisk beim Fressen einer Grille.

1999, eigene Erfahrungen). Da eine regelmäßige UV-Bestrahlung sich jedoch sehr positiv auf Lebhaftigkeit, Färbung und Fortpflanzung auswirkt, empfehle ich Basilisken täglich für 20 Minuten aus 1 m Abstand mit einer Osram-Ultravitalux-Birne (300 W) zu bestrahlen.

4.3.4. Lebenserwartung

Die Lebenserwartung von Basilisken im natürlichen Lebensraum ist sehr gering und beträgt im Mittel kaum mehr als zwei Jahre. So konnte HIRTH (1963) 13 Monate nach der ersten Markierung nur acht von 100 erwachsenen Streifenbasilisken wiederfangen und nur zwei von 100 konnten auch nach zwei Jahren noch nachgewiesen werden. Nach anderen Untersuchungen erreichen nur 10% der Schlüpflinge ein Alter von einem Jahr und nur 2% ein Alter von zwei

Jahren (CONANT & DOWNS 1940). Unter Terrarienbedingungen können Basilisken wesentlich älter werden als ihre Artgenossen im Freiland. Schon Ende der fünfziger Jahre wird von einem Basilisken berichtet, der 5 Jahre und 11 Monate alt geworden ist (CONANT & HUDSON 1949). Daß dies noch lange nicht das mögliche Höchstalter von Basilisken darstellt, zeigen die Beobachtungen von Herrn THOMAS WILMS, Bad Dürkheim. Bei ihm lebte ein als erwachsenes Tier importiertes Streifenbasilisken-männchen über 15 Jahre im Terrarium (T. WILMS mündl. Mitt. 1999).

4.4. Zucht

Über die erste mir bekannte Basiliskennachzucht (*Basiliscus vittatus*) berichtete FINK 1931. Seitdem werden neben dieser Art insbesondere *Basiliscus basiliscus* und *Basiliscus plumifrons* regelmäßig nachgezogen (z.B. HUFENUS 1956, HIRSCHFELD 1967, PAWLEY 1972, BUELENS 1974B, PERRON 1974, MARTENS 1977, BLOXAM & TONGE 1980, LUTTENBERGER 1981, PONGRATZ 1982, BANKS 1983, LANGHAMMER 1983, MÜLLER 1983, OLEXA 1986, VAN STEIJN 1986, HOUTMAN 1987, RESE 1987, BLAKE 1988, TROMBETTA 1988, VAN TREIJEN 1991, FERWEDA 1993, WINKLE 1996, KOBER 1998), während mir lediglich ein Züchter (B. LANGERWERF) von *Basiliscus galeritus* bekannt ist. Da letztgenannte Art aber sicherlich nicht

schwieriger zur Fortpflanzung zu bringen ist als die übrigen Basiliskenarten, dürfte dies vor allem daran liegen, daß Ecuadorbasilisken nur selten im Terrarium gepflegt werden.

Basilisken pflanzen sich - zumindest unter Terrarienbedingungen - das ganze Jahr über fort, wobei der Schwerpunkt meist in die Sommermonate fällt (vgl. Abb. 45, 54, 69).

Geradezu erstaunlich ist es, auf welch kleinem Raum sich diese bewegungsfreudigen Echsen noch fortpflanzen. Deshalb kann die Vermehrung nicht als alleiniges Kriterium für eine artgerechte Haltung gewertet werden. Auch Jungtiere entwickeln sich in großen Terrarien (200x100x200 cm LBH) besser, wachsen rascher und sind kräftiger als Artgenossen, die in einem "Mindestbedarfsterrarium" aufgezogen werden.

Aufgrund der relativ geringen Lebenserwartung von Basilisken ist es empfehlenswert, frühzeitig Jungtiere zur Erhaltung der Zuchtgruppe zurückzubehalten. Um etwaigen Inzuchtproblemen aus dem Weg zu gehen, sollte man über die Verwandtschaftsverhältnisse seiner Basilisken detailliert Buch führen und mit anderen Züchtern Jungtiere tauschen.

4.4.1. Paarung

Das Paarungsvorspiel verläuft sehr unterschiedlich. Das Männchen beginnt das Paarungszeremoniell oft mit heftigem Kopfnicken, wobei es sich so dreht, daß es vom entsprechenden Weibchen gesehen wird. Während es sich langsam dem Weibchen nähert, nickt das Männchen zunehmend heftiger. Das Weibchen beantwortet dies, indem es ebenfalls Nickbewegungen mit dem Kopf vollführt und zunächst ausweicht. Manchmal wird das Weibchen vom Männchen durch das gesamte Terrarium gejagt, wobei letzteres in den Pausen immer wieder vehement mit dem Kopf nickt. Schließlich ergreift das Männchen das Weibchen mit dem Maul in der Nackenregion, um die eigentliche Kopulation einzuleiten. In manchen Fällen bleibt der Nackenbiß aber auch aus.

In vielen Fällen wird das Weibchen ohne Vorspiel regelrecht überfallen. Das Männchen springt (meist von einer Anhöhe) das Weibchen von hinten an und setzt sofort seinen Nackenbiß. Unmittelbar danach schiebt es seine Schwanzwurzel unter die des Weibchens und führt einen Hemipenis ein. Diese Intromissio dauert in der Regel 20-60 Sekunden. Meist beendet das Weibchen durch Weglaufen die Paarung. Nach vollzogener Kopulation ist das Männchen meist noch sehr aufgeregt und nickt heftig, wobei es meist eine sehr dunkle Färbung annimmt. Manchmal begibt es sich nach der Paarung für eine Weile in das Wasserbecken (LUTTENBERGER 1981, S. FURTWÄNGLER schriftl. Mitt. 1992, I. KOBER schriftl. Mitt. 1999, eigene Beobachtungen).

Gelegentlich kann auch das Weibchen die Paarung einleiten. Es beginnt mit nickendem Annähern, stoppt kurz, nickt das Männchen erneut an, um dann abzudrehen und wegzulaufen. Dann stoppt es erneut und hebt seine Schwanzwurzel hoch. Meist genügt schon das Kopfnicken und Weglaufen, um das Männchen zum Folgen zu bewegen (LUTTENBERGER 1981).

Als deutliches Ablehnungsverhalten des Weibchens wird gedeutet, wenn es bei Annäherungsversuchen des Männchens ohne Kopfnicken zur Seite kriecht. Versucht das Männchen dennoch aufzureiten, hebt das Weibchen den Hinterkörper an, drückt die Beine durch und macht zuckende Bewegungen mit der Schwanzbasis, wodurch das Männchen meist erfolgreich abgeschüttelt wird (I. KOBER schriftl. Mitt. 1999).

Eine erfolgreiche Paarung kann für die Befruchtung mehrerer Gelege ausreichen, da die Weibchen offensichtlich die Fähigkeit der Samenspeicherung besitzen. So setzte ein über sechs Monate ohne Männchen gepflegtes Weibchen von *Basiliscus vittatus* neben einem unbefruchteten auch zwei befruchtete Eier ab (WRIGHT 1987).

4.4.2. Trächtigkeit

Der Abstand zwischen erfolgreicher Paarung und Eiablage ist sehr unterschiedlich und kann 10-65 Tage, im Mittel jedoch 40-45 Tage betragen (S. FURTWÄNGLER schriftl. Mitt. 1992, LUTTENBERGER 1981, PERRON 1974, eigene Beobachtungen). Möglicherweise sind die

Abb. 23. Trächtiges Weibchen von *B. plumifrons* im Exotarium, Zoo Frankfurt.

Abb. 24. Weibchen unmittelbar nach der Eiablage (*B. basiliscus*).

Vitaminen und Mineralstoffen ist nun ganz besonders zu achten.

Weibchen sind während der Trächtigkeit oft unverträglich gegenüber Artgenossen (MÜLLER 1983). Bei trächtigen Tieren ist der Bauch so prall, daß die seitliche Falte verschwindet. Etwa 10 Tage vor der Ablage zeichnen sich die Eier als Ausbuchtungen deutlich an der Bauchwand ab. Man kann in diesem Stadium das Gelege vorsichtig ertasten, indem man mit dem Finger seitlich an der Bauchwand entlang fährt.

4.4.3. Eiablage

Viele Weibchen nehmen als Eiablageplatz problemlos einen in halber Höhe des Terrariums aufgehängten Blumenkasten an, der mit feuchter Blumenerde gefüllt und mit einigen Pflanzen, wie z.B. Bromelien und Rankenpflanzen besetzt wird (I. KOBER schriftl. Mitt. 1999).

Wenn keine Blumentöpfe oder Kästen als Eiablagebehälter angeboten werden, muß die Bodenfüllung des Terrariums hoch genug sein (mindestens 10-15 cm). Um bei großen Terrarien die Gelege sicher und ohne das ganze Becken umgraben zu müssen, finden zu können, ist es empfehlenswert, kurz vor der Eiablage eine dünne Schicht hellen

Ursachen für diese sehr unterschiedlichen Beobachtungen in Spermienspeicherung und verzögerter Befruchtung (Amphigonia retardata) einerseits und beobachteten Paarungen nach bereits stattgefundener Befruchtung andererseits zu suchen.

Das Weibchen nimmt während der gesamten Trächtigkeitsperiode Nahrung auf. Auf eine abwechslungsreiche Ernährung sowie ausreichende Versorgung des Tieres mit

Sand über das dunkle Boden-substrat zu streuen. Der Platz, an dem das Weibchen gegraben hat, wird somit praktisch vom ihm selbst gekennzeichnet.

Die meisten Weibchen setzen ihre Gelege in den Vormittagsstunden, manche jedoch auch nachts ab (LUTTENBERGER 1981). Bei der Eiablage lassen sich vier Phasen unterscheiden:
1. die Erkundungsphase,
2. die Grabephase,
3. die Eiablagephase und
4. das Verschließen der Nesthöhle.

Während der Erkundungsphase macht das Weibchen zunächst Probegrabungen an verschiedenen Stellen, wobei es Löcher von bis zu 15 cm Durchmesser und 20-25 cm Tiefe gräbt. Allein für die Auswahl des Legeplatzes benötigen manche Weibchen 2-3 Tage, bis sie schließlich die endgültige Eiablagegrube fertigstellen. Von der erreichten Mindesttiefe (10 cm) hängt es ab, ob die Weibchen die Eier in die betreffende Höhle legen oder nicht (LUTTENBERGER 1981).

In den Grabepausen schaut es sich immer wieder aufmerksam um, was im natürlichen Lebensraum auf Grund seiner verletzlichen Lage notwendig ist. Sobald das Weibchen mit der Grube zufrieden ist, beginnt es mit der Eiablage. Dabei steigt es

rückwärts mit dem hinteren Körperdrittel in die Grube und beginnt, ein Ei nach dem anderen herauszupressen. Der Zeitabstand zwischen den Austritten der Eier beträgt etwa fünf Sekunden (BLOXAM 1980).

Die von LUTTENBERGER (1981) beobachteten Weibchen ruhten nach dem Absetzen der Eier maximal fünf Minuten, bevor sie mit dem Verschließen der Eigrube begannen. Eines der von ihm beobachteten Basiliskenweibchen stützte sich dabei mit den Vorderfüßen direkt am Lochrand ab und stupste die Eier mittels Schnauzenspitze gegen den Grubenboden und preßte somit die einzelnen Eier aneinander. Ungefähr 10 Sekunden lang führte es viele, hintereinander folgende Schnauzenstöße im Halbkreis aus. Danach zog es seinen Vorderkörper mit einem Ruck wieder aus der Grube und ruhte etwa eine Minute.

Abb. 25. Bepflanzte Blumentöpfe werden bevorzugt zur Eiablage angenommen (*B. vittatus*).
Foto: M. Engelhardt

Daraufhin schob es Bodensubstrat (Torf) mit den Vorderfüßen in die Eigrube. Nachdem das Gelege von einer etwa 1 cm starken Schicht lockeren Substrats bedeckt war, drückte das Weibchen dieses in oben beschriebener Weise mit der Schnauze fest. Erst als das ursprüngliche Bodenniveau wieder hergestellt war, holte das Tier mit den Vorderextremitäten etwa 15 cm entfernt liegende Moosteile heran, um sie über den festgestampften Legeplatz zu schieben. Das Verwischen der Spuren gelang so gut, daß es drei nachfolgende Schnauzenstöße deplaziert ausführte.

Der gesamte Eiablagevorgang dauert in der Mehrzahl der Fälle zwei bis drei Stunden. Extrem scheue Tiere können jedoch auch mehrere Tage für den gesamten Ablauf benötigen. Diese Weibchen flüchten bei der geringsten Störung, um erst nach 2-3 Stunden ihre Tätigkeiten fortzusetzen (LUTTENBERGER 1981).

Wochenlange Grabetätigkeit ist pathologisch und führt schließlich zum Tod der Weibchen durch **Legenot**. Um dies zu verhindern, muß man, wenn der physiologische Ablagetermin überschritten ist, die Eiablage rechtzeitig (bevor es zum klinischen Bild der Legenot kommt) mit Hilfe von Oxytocin (3-5 I.E./kg KM i.m.) und parenteralen Calcium-Gaben (z.B. Calcium-Sandoz) einleiten. Legenot ist eine der häufigsten Todesursachen bei im Terrarium gepflegten Basilisken, wie eine Auswertung von 87 Basiliskensektionen ergab (KÖHLER unveröff.). Insbesondere Weibchen, die sehr jung trächtig geworden sind, neigen offensichtlich zu psychogener Legenot, die unbehandelt meist tödlich endet. Falls eine Behandlung mit Oxytocin in Verbindung mit Calcium-Gaben nicht zum Erfolg führt, bleibt nur noch das chirurgische Vorgehen, um das Weibchen zu retten. Trotz der recht geringen Körpergröße der Basiliskenweibchen kann man die Prognose für einen derartigen Eingriff als günstig einschätzen, solange der Allgemeinzustand des Tieres gut ist.

Es kann auch vorkommen, daß einzelne Eier oder sogar ganze Gelege nicht vergraben, sondern im Terrarium verstreut werden, was als Verwerfen des Geleges zu beurteilen ist. Da die Gefahr besteht, daß diese Weibchen nicht das komplette Gelege verwerfen, sondern noch ein bis zwei Eier zurückbehalten, sollte man das betroffene Tier vorsichtshalber röntgen lassen, um gegebenenfalls rechtzeitig eine Legenot-Behandlung einleiten zu können.

In einer Fortpflanzungssaison produziert ein Weibchen 3-5, in Ausnahmefällen jedoch sogar 6-7 Gelege (LUTTENBERGER 1981, VAN DEVENDER 1976), wobei der Abstand zwischen den einzelnen Gelegen 45-65, manchmal aber auch nur 9 Tage beträgt (S. FURTWÄNGLER schriftl. Mitt. 1992, PERRON 1974).

4.4.4. Inkubation der Eier

Unmittelbar nach der Ablage ist bei befruchteten Eiern die Keimscheibe als rötlicher bis violetter Fleck erkennbar. Die weichschaligen Eier besitzen eine ovale bis bohnenförmige Form. Manchmal sind auch flaschenförmige bzw. gebogene Eier dabei, die aber dennoch befruchtet sein können (KOBER schriftlliche Mitteilung 1999, eigene Erfahrung).

Das Gelege wird so bald wie möglich vorsichtig ausgegraben und in einen Brutschrank zur weiteren Zeitigung überführt. Hinweise zum Bau eines Brutschrankes finden sich in KÖHLER (1997). Als Substrat für die Inkubation ist Vermiculite, Perlite, Schaumstoff, Torf oder ein Torf/Sand-Gemisch (3:1) geeignet. Die Eier werden zur Hälfte in das leicht feuchte Substrat eingegraben und dürfen während der gesamten Inkubationszeit nicht gedreht werden. Man kann die Oberseite der Eier mit einem weichen Bleistift markieren, um sicherzustellen, daß die Eier nach Kontrollen immer wieder in der ursprünglichen Lage eingegraben werden.

Die Temperatur sollte konstant auf einen Wert zwischen 27 und 30°C eingestellt werden, die relative Luftfeuchtigkeit 90 bis 100% betragen und das Substrat nur mäßig feucht sein.

Inkubationstemperaturen oberhalb von 30°C führen innerhalb von wenigen Tagen zum Absterben der Embryonen. Manche Züchter empfehlen, die Substratfeuchtigkeit mit zunehmender Inkubationsdauer immer weiter zu senken, so daß kurz vor dem Schlupf die relative Luftfeuchtigkeit bei ca. 60% liegt (I. KOBER schriftl. Mitt. 1999).

Pilzinfektionen betreffen in der Regel nur geschädigte bzw. abgestorbene Eier, so daß eine Behandlung meist erfolglos ist. Es kann jedoch vorkommen, daß eine Pilzinfektion auf gesunde Eier übergreift. In diesen Fällen empfiehlt sich, eine Behandlung mit antimykotischen Salben (z.B. Exoderil-Creme oder Canesten-Creme) zu versuchen (KÖHLER 1990). Abgestorbene Eier verfärben sich grün-gelblich, weisen eine schmierige Oberfläche und einen unangenehmen Geruch auf. Man sollte das Gelege täglich kontrollieren, um verdorbene Eier so schnell wie möglich aussortieren zu können. Ist man sich nicht sicher, ob ein Ei abgestorben ist oder nicht, sollte man dieses auf jeden Fall von den gesunden isolieren und in eine separate Schale legen.

Im Laufe der Inkubation nehmen die ursprünglich rein weißen Eier eine bräunliche Farbe an und werden durch Wasseraufnahme schwerer und größer (vgl. Abb. 27). Kurz vor dem Schlupf jedoch verlieren sie an Gewicht und weisen meist Einbuchtungen auf. Die Schlupfrate ist bei befruchteten Basiliskeneiern und guter Inkubationstechnik meist sehr hoch (80-100%).

In den Eiern abgestorbene vollentwickelte, also schlupfreife Jungtiere sind meist auf eine mangelhaf-

te Vitamin- und Mineralstoffversorgung des Muttertieres zurück-
zuführen (KÖHLER 1997). Jedoch
kann auch eine zu hohe Substratfeuchtigkeit gegen Ende der
Inkubationsperiode durch zu hohen
Druck im Eiinnern zum Absterben
des Fetus führen. Inwieweit zu dicke
Eischalen ein Schlupfhindernis darstellen können, ist bislang nur unbe-
friedigend untersucht worden. Die
Schalen von Eiern, die sich über den
physiologischen Ablagezeitpunkt
hinaus im Eileiter befinden, erhalten zusätzliche Mineralstoffein-
lagerungen und können bei Tieren
mit chronischer Legenot übermäßi-
ge Kalkeinlagerungen aufweisen.

**Abb. 26 (oben). Befruchtete Eier von
B. basiliscus direkt nach der
Eiablage.**

**Abb. 27 (Mitte). Eier von *B. basiliscus*
direkt nach der Eiablage (unten) und
nach 4 Wochen Inkubationszeit
(oben). Man beachte die veränderte
Form, Größe und Färbung der Eier.**

**Abb. 28 (unten). *B. plumifrons* beim
Schlupf.   Foto: I. Kober**

Abb. 29 (links). *Basiliscus basiliscus* beim Schlupf.

Auch Mißbildungen der Jungtiere, welche in manchen Fällen nicht einmal sehr auffällig sein müssen, kommen als Ursache für die Schlupfunfähigkeit in Frage.

Wenn der errechnete Schlupftermin überschritten ist, neigt man dazu, die verbliebenen Eier manuell zu öffnen, also "Schlupfhilfe" zu leisten. In der Regel werden die Eier jedoch zu früh geöffnet, so daß das betroffene Jungtier noch nicht lebensfähig ist und schließlich stirbt. Hinzu kommt, daß man immer wieder erlebt, daß Jungtiere ohne Hilfe schlüpfen, die sich als nicht lebensfähig erweisen, kümmern und schließlich sterben. Da stellt sich dem ernsthaften Reptilienzüchter die Frage, ob er unter diesem Aspekt diejenigen Jungtiere, die nicht einmal in der Lage sind, ihre Eischale ohne menschliche Hilfe zu verlassen, künstlich am Leben erhalten soll.

Um dem Absterben schlupfreifer Jungtiere im Ei vorzubeugen, sollte man unbedingt auf

- optimale Ernährung der Elterntiere (insbesondere die ausreichende Versorgung mit Vitaminen und Mineralstoffen),

- geeignete Eiablageplätze (Legenotprophylaxe), sowie

- gute Inkubationsbedingungen (insbesondere nicht zu hohe Substratfeuchtigkeit), achten.

4.4.5. Schlupf

Meist schlitzt der junge Basilisk das Ei mit Hilfe seines Eizahnes an einem Pol sternförmig auf. Manchmal kann man aber auch mehrere Schnitte erkennen, die von den Krallen verursacht wurden. Durch Drehbewegungen um die Längsachse und Stöße versucht er einen Riß zu finden, um den Kopf ins Freie zu bringen. Der Schlüpfling verweilt in dieser Stellung in der Regel mehrere Stunden, um dann rasch die Vorderextremitäten durch die Öffnung zu strecken und das Ei schließlich ganz zu verlassen. Den noch anhaftenden Rest streift er nach hinten ab und die meist noch vorhandenen 2-3 mm Nabelschnur werden innerhalb von ein bis zwei Tagen abgeschnürt und verloren. Die meisten Nachzuchttiere haben eine 2-6 mm lange Nabelöffnung beim Schlupf (HIRSCHFELD 1967).

Insbesondere wenn Jungtiere beim Schlupf durch Hantieren im Brutschrank (z.B. beim Herausfangen eines bereits geschlüpften Basilisken) gestört werden, kommt es vor, daß sie ihr Ei verlassen, bevor sie den Dottersack vollständig resorbiert haben.

Tiere mit einem Dottersackanhängsel kommen für etwa einen Tag in einer Schüssel, die mit feuchtem Fließpapier ausgelegt und mit Gaze verschlossen ist, in den Brutschrank zurück. Erst wenn der kleine Basilisk den Dottersackrest abgeschnürt und verloren hat, kann er ins Aufzuchtterrarium gesetzt werden.

Der Anteil an mißgebildeten Nachzuchttieren ist bei optimalen Inkubationsbedingungen gering (0-5%). Wenn die Embryonen jedoch stärkeren Temperaturschwankungen ausgesetzt sind oder die Elterntiere genetische Schäden aufweisen, können bei bis zu 100% der Tiere Wirbelsäulen- und Schwanzverkrümmungen auftreten (R. MERLAU schriftl. Mitt. 1981, PERRON 1974, PONGRATZ 1982). Von einer sehr bemerkenswerten Mißbildung bei *Basiliscus plumifrons* berichtete mir W. GRAICHEN, Freiberg (mündl. Mitt. 1992). Das "Jungtier" besaß einen Kopf und zwei Körper und war voll entwickelt im Ei abgestorben. Es befindet sich jetzt in der Sammlung des Staatlichen Museums für Tierkunde, Dresden. Eine weitere, sehr auffallende Mißbildung beschrieben SCHARDT & KÖHLER (1995). Beim Öffnen eines Eies von *B. plumifrons* kam ein noch lebendes Jungtier zum Vorschein, dessen Augen nicht in den Augenhöhlen lagen, sondern aus der Mundhöhle hinausschauten.

4.4.6. Aufzucht

Jungtiere, die keinen Dottersackrest aufweisen, werden gleich nach dem Schlupf in das Aufzuchtterrarium gesetzt. Dieses sollte eine Größe von etwa 100 x 60 x 100 cm (LBH) aufweisen und in bezug auf Einrichtung und Klima den Terrarien der erwachsenen Basilisken entsprechen. Wichtig ist eine ausreichende Feuchtigkeit (70-100% relative Luftfeuchtigkeit), die durch tägliches Sprühen im Terrarium sowie mit einem geräumigen Wasserbecken (mindestens 40 x 40 x 10 cm LBH) erreicht wird.

Als **Erstnahrung** werden oftmals schon einen Tag nach dem Schlupf diverse Insekten angenommen (z.B. Larven von Heuschrecken, Heimchen, Grillen, Schaben und Wachsmotten).

Einige Stunden nach dem Schlupf kann man die jungen Basilisken häufig beim Gähnen beobachten (LUTTENBERGER 1981). Die frisch geschlüpften Basilisken sind äußerst agil und versuchen

Abb. 30. Das Aufzuchtterrarium sollte reichlich strukturiert sein.
Foto: I. Kober

zuzubeißen, wenn man sie anfaßt. Manche Jungtiere zeigen vom ersten Tag an Imponierverhalten und nikken heftig mit dem Kopf, was aber nicht als Hinweis auf das Geschlecht des jeweiligen Jungtieres gedeutet werden kann (I. KOBER schriftl. Mitt. 1999).

Jungtiere können in Gruppen aufgezogen werden. In einem Terrarium von etwa einem Kubikmeter können bis zu 10 junge Basilisken in den ersten sechs Lebensmonaten zusammen gepflegt werden. Manchmal werden einzelne Juntiere von ihren Artgenossen unterdrückt. Dieser permante Streßzustand führt dazu, daß die betroffenen Tiere langsamer wachsen und oftmals rachitische Symptome entwickeln (vor allem weiche Kiefer und Beine). Solche Problemtiere müssen umgehend in ein separates Terrarium gesetzt werden und intensiv mit Vitamin- und Mineralstoffkomplexpräparaten behandelt werden. Tägliche Gaben von Früchtebrei, angereichert mit Korvimin ZVT und Calcium-Lactat in Verbindung mit einer täglichen UV-Bestrahlung (Osram Ultra-Vitalux; 20 min aus 100 cm Abstand) haben gut geholfen; allerdings sind bereits entstandene Deformierungen nicht reversibel (KOBER schriftl. Mitt. 1999).

Sobald die Geschlechter unterschieden werden können (je nach Art im Alter von 4-6 Monaten), sollte man Männchen und Weibchen trennen und in separaten Terrarien aufziehen, um eine zu frühe Verpaarung zu vermeiden.

Abb. 31 (oben). Jungtier im Alter von 2 Monaten (*Basiliscus plumifrons*).

Abb. 32. Männlicher *B. plumifrons* im Alter von 5 Monaten.
Foto: S. Furtwängler

Durch eine getrennte Aufzucht wird vermieden, daß die Weibchen zu jung trächtig werden, was oftmals zu Problemen mit Legenot führt (vgl. auch S. 30). Die Weibchen sollten frühestens im Alter von 12 Monaten, besser erst mit 15 Monaten zur Fortpflanzung gebracht werden. Eine gewisse Ausnahme bildet hier der sehr frühreife Streifenbasilisk, bei dem es vertretbar ist, die Weibchen frühestens mit 10 Monaten erstmals reproduzieren zu lassen. Ein Problem ist, daß viele Nachzuchtweibchen auch ohne Kontakt zu Männchen oftmals sehr jung (im Alter von 9-11 Monaten) trächtig werden, dann natürlich nur unbefruchtete Eier produzieren. Ein hoher Prozentsatz dieser Weibchen entwickelt eine Legenot und stirbt. Erste Erfahrungen sprechen dafür, daß es vorteilhaft sein kann, die Weibchen während der kritischen Phase (Alter zwischen sechs und 12 Monaten, bei *B. vittatus* zwischen fünf und 10 Monaten) verhältnismäßig trocken zu halten, also ohne Wasserteil und wenig Sprühen im Terrarium (I. KOBER schriftl. Mitt. 1999). Diese Vorgehensweise macht auch deshalb Sinn, weil die Fortpflanzungssaison der Basilisken in der Natur mit der Regenzeit korreliert ist und während der Trockenzeit kaum Eier gebildet werden (FITCH 1973a).

Im Alter von vier bis sechs Wochen häuten sich die Jungtiere das erste mal, wobei sich der gesamte Prozeß oft über drei Wochen hinzieht. Die ersten Risse treten an der Kopfoberseite auf. Weitere Risse erscheinen dann an der Oberseite der Schwanzwurzel und seitlich am Körper. Jungtiere häuten sich drei- bis fünfmal pro Jahr, während die Erwachsenen sich nur noch zweimal, in seltenen Fällen dreimal jährlich häuten.

Die jungen Basilisken wachsen überaus rasch heran, wobei die Männchen schon nach wenigen Monaten deutlich schneller an Länge und Masse zunehmen als die Weibchen. Die Geschlechtsreife erlangen die Tiere je nach Basiliskenart und Aufzuchtbedingungen im Alter zwischen sechs und 18 Monaten.

4.5. Die Basiliskenarten

Innerhalb der Gattung *Basiliscus* unterscheidet man vier Arten: den Helmbasilisk (*Basiliscus basiliscus*), den Ecuadorbasilisk (*Basiliscus galeritus*), den Stirnlappenbasilisk (*Basiliscus plumifrons*) und den Streifenbasilisk (*Basiliscus vittatus*). Der von RUTHVEN (1914) beschriebene *Basiliscus barbouri* wurde 1962 von MATURANA in die Synonymie von *Basiliscus basiliscus* gestellt und seitdem als Unterart des Helmbasilisken betrachtet: *Basiliscus basiliscus barbouri* (LANG 1989a). Die Arten *B. basiliscus* und *B. plumifrons* stehen sich verwandtschaftlich am nächsten, während die Verhältnisse der Arten *B. galeritus* und *B. vittatus* zueinander und zu den erstgenannten beiden Arten unklar ist (LANG 1989a).

Bestimmungsschlüssel für die Arten der Gattung *Basiliscus*

1a Bauchschuppen gekielt; 1-2 Kinnschilde in Kontakt mit Sublabialia (Abb. 34A); adulte Männchen mit einfachem, dreieckigem Kopflappen (Abb. 33A) und nur niedrigem, das heißt bis maximal 10 mm hohen Rückenkamm; Grundfarbe hell- bis graubraun .... ***Basiliscus vittatus***

b Bauchschuppen glatt; 3-4 Kinnschilde in Kontakt mit Sublabialia (Abb. 34B) **2**

2a In Rückenmitte eine Serie in regelmäßigen Abständen angeordneter, großer, dreieckiger Schuppen, die jeweils durch 2-4 kleine Schuppen voneinander getrennt sind (Abb. 35); adulte Männchen mit einfachem, abgerundetem Kopflappen (Abb. 33B), der an der Basis fleischig verdickt ist, aber ohne Rückenkamm; Rücken olivgrün, Bauch rotbraun .... ***Basiliscus galeritus***

b In Rückenmitte keine Serie in regelmäßigen Abständen angeordneter großer dreieckiger Schuppen, sondern alle Schuppen in Rückenmitte etwa gleich groß; adulte Männchen mit hohem Rückenkamm (bis zu 60 mm); Rücken leuchtend grün oder hell- bis graubraun **3**

3a Grundfärbung leuchtend grün bis blaugrün; an den Seiten mit ein oder zwei Längsreihen heller Punkte; adulte Männchen besitzen zusätzlich zum großen Kopflappen noch einen Stirnlappen (Abb. 33C); Kehlregion der Jungtiere (bis 80 mm KRL) einfarbig und ohne seitliche Längsstreifen .... ***Basiliscus plumifrons***

b Färbung hell- bis graubraun mit hellem, durchgehendem, seitlichem Längsstreifen; adulte Männchen besitzen einen großen Kopflappen, z.T. mit nach hinten gerichtetem Fortsatz, aber keinen Stirnlappen (Abb. 33D); Kehlregion der Jungtiere (bis 80 mm KRL) mit drei deutlichen seitlichen Längsstreifen .... ***Basiliscus basiliscus***

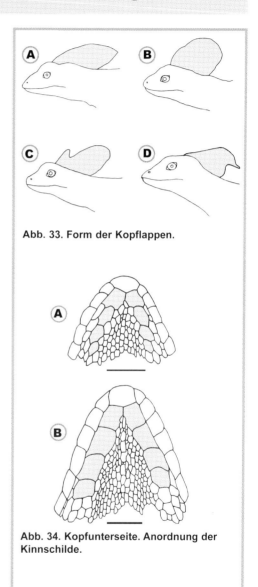

Abb. 33. Form der Kopflappen.

Abb. 34. Kopfunterseite. Anordnung der Kinnschilde.

Abb. 35. Ausbildung der vergrößerten Rückenschuppen bei *B. galeritus*.

Balken=5mm

4.5.1. *Basiliscus basiliscus* (LINNAEUS 1758) - Helmbasilisk

1758 *Lacerta basiliscus* LINNAEUS, Syst. Naturae, Ed. 10 (1): 206; terra typica: "America Australi".

1768 *Basiliscus americanus* LAURENTI (Ersatzname für *Lacerta basiliscus* LINNAEUS 1758), Synop. Rept.: 50.

1802 *Basiliscus mitratus* DAUDIN (Ersatz name für *Lacerta basiliscus* LINNAEUS 1758), Hist. Nat. Rept. 3: 310.

1839 *Ophyessa bilineata* GRAY (syn. fide BOULENGER 1885), Zool. Beechys Voyage, Rept: 94.

1852 *Lophosaura Goodridgii* GRAY (syn. fide BOULENGER 1885), Ann. Mag. Nat. Hist. (2) 10: 438.

1876 *Basiliscus guttulatus* COPE (syn. fide BOULENGER 1885), J. Acad. Nat. Sci. Philad. (2) 8: 156

Basiliscus basiliscus barbouri RUTHVEN 1914

1914 *Basiliscus barbouri* RUTHVEN, Proc.biol. Soc. Wash. 27: 9; terra typi ca: Gaira River at Minca, San Lorenzo, Santa Marta Mountains, Kolumbien, 2200 ft.

Abb. 36. Portrait eines männlichen *B. basiliscus barbouri*.

Foto: C. Kemmetter

Beschreibung

Basiliscus basiliscus erreicht eine Gesamtlänge von über 800 mm (FITCH 1973a, OBST et al. 1984) bei einer KRL von 240 mm (AHL 1930). Die meisten bleiben mit einer Gesamtlänge von 470-750 mm bei einer KRL von 150-215 mm und einem Gewicht von 100-250 g kleiner (FITCH 1973a).

Der braun bis olivgrün gefärbte Rücken weist dunkle, schräg verlaufende Querbinden und zusätzlich viele, diffus verteilte schwarze Flecken auf. Ein heller Seitenstreifen beginnt in der Nackenregion und zieht - jedoch immer undeutlicher werdend - bis zum Becken. Ein weiterer, jedoch schmalerer heller Streifen befindet sich oberhalb von diesem und zieht vom Auge nach hinten, um in der Halsregion zu verschwinden. Ein dritter heller, breiterer Streifen reicht vom Nasenloch unterhalb des Auges bis zur Schulter. Der Bauch ist gelb-grün, die Kehle hellgrau gefärbt.

Der Kopflappen der Männchen ist dreieckig oder rund und weist einen kurzen, nach hinten ziehenden Fortsatz auf. Bei Jungtieren und Weibchen ist der Kopflappen nur sehr klein. Rücken- und Schwanzkamm sind nur beim Männchen gut entwickelt und werden von Knochenspangen (17-18 beim Rücken- und 23 beim Schwanzkamm) gestützt. Der Rückenkamm beginnt am Hals und endet in der Lendenregion. Seine Höhe entspricht

**Abb. 37. Bachbiotop in Manuel
Antonio, Costa Rica.**

**Abb. 38. Männlicher *B. b. basiliscus*
auf seinem Schlafplatz in Manuel
Antonio, Costa Rica.**

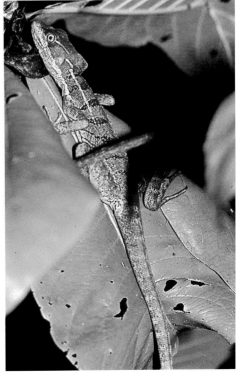

bei adulten Männchen etwa dem
Körperdurchmesser. Der Schwanzkamm, der auf die vorderen zwei
Drittel des Schwanzes beschränkt
ist, beginnt zunächst niedrig und
erreicht seine volle Höhe etwa in
Schwanzmitte, um dann zur Spitze
hin wieder abzufallen. Der Schwanz
ist lateral abgeflacht und etwa 2,0-
2,6 mal so lang wie der Körper
(FITCH 1973a).

    B. b. barbouri unterscheidet sich
von *B. b. basiliscus* dadurch, daß
sein Kopflappen sehr flach ist, dafür
aber einen langen, schmalen, nach
hinten gerichteten Fortsatz besitzt.

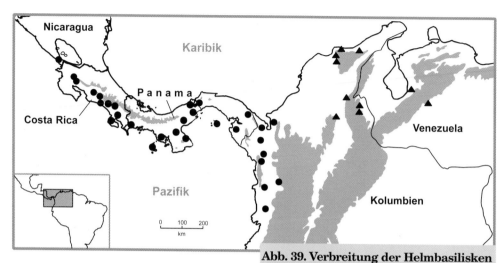

Abb. 39. Verbreitung der Helmbasilisken und Form der Kopflappen.

● *Basiliscus b. basiliscus*

▲ *Basiliscus b. barbouri*

Verbreitung

Das Verbreitungsgebiet von *B. b. basiliscus* reicht von der südlichen Pazifikküste Nicaraguas durch Costa Rica und Panama bis zum nordwestlichen Kolumbien (MYERS & RAND 1969, VILLA 1983, SAVAGE & VILLA 1986, LANG 1989a, KÖHLER 1993). *Basiliscus b. barbouri* wurde im nördlichen Kolumbien und in den Santa-Marta-Bergen im nordwestlichen Venezuela gefunden (MATURANA 1962, LANG 1989a).

Lebensraum und Lebensweise

Basiliscus basiliscus findet man im Flachland bis etwa 900 m NN vor allem entlang mäandrischer, bewaldeter Flüsse, die ein gewisses Maß an Sonneneinstrahlung erhalten (FITCH 1973a). Uferbereiche mit überhängenden und umgestürzten Baumstämmen sind häufig genutzte Ausblickpunkte adulter Helmbasilisken (LUTTENBERGER 1981). In Manuel Antonio, Costa Rica, konnte ich an besonnten Stellen, an denen umgefallene Bäume in einen Bach

ragten und die unterspülten Ufer ein Gewirr aus freigelegten Wurzeln boten, eine besonders hohe Jungtierdichte feststellen. Erwachsene Helmbasilisken habe ich nur im Schatten der dichten Vegetation entlang von Teichen und Bächen beobachtet, wo sie stundenlang ruhig auf Ästen, Wurzeln oder umgestürzten Baumstämmen saßen.

Helmbasilisken sind wie alle Basilisken zumindest semiarborikol und klettern zum Sonnen, zur Nahrungssuche und bei der Flucht auf Bäume. Wenn ein erwachsener Basilisk, der am Fuße eines Baumes sitzt, erschreckt wird, huscht er rasch auf den schützenden Baum, selbst dann, wenn am Boden genügend Versteckmöglichkeiten vorhanden sind. Helmbasiliskenpopulationen können eine Individuendichte von 200-400 Tieren pro Hektar erreichen (VAN DEVENDER 1983). Die Untersuchungen von BARDEN (1943b) ergaben, daß *Basiliscus basiliscus* auf Barro Colorado Island (Panama) nur recht kleine Bewegungsräume nutzt, und zwar pro Tier 5-7 m (maximal 35 m) entlang der Uferlinie. Er fand keine Hinweise für Territorialität. LANG (1989) hingegen erwähnt, daß die Territorialität bei Helmbasilisken hoch entwickelt ist, und daß Männchen auch schwere Kämpfe untereinander austragen.

Ernährung

Wie alle Basilisken, verschlingen Helmbasilisken alles, was sie erbeuten und hinunterschlucken können. So beobachtete GLANDER (1979), wie ein männlicher Helmbasilisk ein komplettes Kolibri-Nest samt Jungvögel fraß. RAND & ROBINSON (1969) und VAN DEVENDER (1982b) berichten, daß *Basiliscus basiliscus* der wichtigste Beutegreifer juveniler Grüner Leguane ist.

Im Fangen kleiner Fische sind Helmbasilisken besonders geschickt. ECHELLE & ECHELLE (1972) beobachteten in Costa Rica junge Helmbasilisken beim Fischen von Zahnkärpflingen (*Neoheterandria umbratilis*) und Salmlern (*Astyanax fasciatus*). Die Basilisken saßen auf Ästen, die über die Wasseroberfläche ragten. Sie visierten die Fische zunächst an, um sie dann mit einem zielsicheren Sprung zu erbeuten, wobei keine Mißerfolge beobachtet

wurden. Oftmals stießen die Basilisken zu, ohne den Ast ganz zu verlassen. Sie hielten sich dann für einen Moment nur mit den Hinterfüßen am Ast fest, bis sie ihre aufrechte Position wieder hergestellt hatten und den Fisch verschlangen. LUTTENBERGER (1981) machte ähnliche Beobachtungen in Panama, wo junge Helmbasilisken Zahnkärpflinge der Arten *Neoheterandria tridentiger* und *Poecilia sphenops* erbeuteten. Besonders in vom Flußsystem getrennten Überschwemmungs-Restpfützen waren die massenhaft auftretenden Zahnkärpflinge eine leichte Beute für die Basilisken.

Untersuchungen des Mageninhalts von 106 *Basiliscus basiliscus*, die überwiegend aus Panama stammten, ergaben über 1100 verschiedene gefressene Arthropodenarten (BARDEN 1943a). Die bevorzugte Beute waren Ameisen (*Formicidae*) mit über 26%, gefolgt von Schmetterlingen (*Lepidoptera*), nicht näher bestimmten Zweiflüglern (*Diptera*), Käfern (*Coleoptera*), Bienen (*Apoldea*), Wespen (*Aculeata*), Wanzen (*Heteroptera*) und Feldheuschrecken (*Acrididae*).

Während sich Jungtiere nahezu ausschließlich insektivor ernähren, nehmen adulte Helmbasilisken vermehrt vegetarische Kost zu sich. Ich habe 1992 in Manuel Antonio, Costa Rica, adulte Helmbasilisken beim Fressen von Melonen und anderen süßen, stark duftenden Früchten beobachtet. Immer wieder heftig nickend hat sich zunächst ein großes Männchen an einer offensichtlich

41

von Touristen liegengelassenen geöffneten Melone gütlich getan. Später hat sich noch ein adultes Helmbasiliskenweibchen an der Frucht eingefunden.

Bei den von BARDEN (1943a) untersuchten Basilisken bestand 22% des gesamten Mageninhalts aus vegetarischem Material, und zwar vor allem aus Früchten, Beeren, Blüten und Blättern. In etwa der Hälfte der Basiliskenmägen waren pflanzliche Bestandteile zu finden.

GLANDER (1979) berichtet von Helmbasilisken, welche die von Brüllaffen (*Alouatta palliata*) hinuntergeworfenen Früchte der Pflanze *Anacardium excelsum* untersuchten, um dann - wie übrigens auch die Affen - nur die kleinen Anhängsel, nicht aber die Früchte selbst zu fressen.

Fortpflanzung

Helmbasilisken erreichen die Geschlechtsreife mit einer KRL von 117-135 mm und einem Gewicht von 45-60 g im Alter von 12-20 Monaten (FITCH 1973a, VAN DEVENDER 1976).

VAN DEVENDER (1976) untersuchte zwei Populationen von *Basiliscus basiliscus*: die eine Population produzierte 5 Gelege, die andere 7

Abb. 40. Junges Weibchen von *B. basiliscus* in seinem natürlichen Lebensraum (Montezuma, Nicoya Halbinsel, Costa Rica).
Foto: D. Kronauer

Abb. 41. Adultes Männchen mit auffällig hohem Rückenkamm (Manuel Antonio, Costa Rica).

Abb. 42. Jungtiere halten sich häufig in der Nähe von Flüssen auf (Manuel Antonio, Costa Rica).

Abb. 43. Jungtier von *B. basiliscus* in der Ufervegetation (Manuel Antonio, Costa Rica).

Gelege pro Jahr bei vergleichbarer Fortpflanzungssaison.

BÖHME (1975) fand Hinweise für parthenogenetische Fortpflanzung bei drei kolumbianischen Helmbasilisken, die aus dem Handel stammten (Fundort unbekannt). Diese Weibchen setzten befruchtete Eier ab, obwohl sie mehrere Jahre ohne Männchen gehalten wurden. Alle 18 von BÖHME (1975) untersuchten Jungtiere waren weiblich. Als alternative Erklärung wird eine Samenspeicherung in Betracht gezogen, aber für unwahrscheinlich gehalten.

In Costa Rica findet die Eiablage überwiegend in den Monaten Juli bis Februar statt und ist während der übrigen Monate stark reduziert.

Die Eier werden in Ufernähe vergraben, was zur Folge hat, daß bei starken Überschwemmungen alle Gelege zerstört werden können. Die daraus resultierende Verschiebung der Populationsstruktur wird in recht kurzer Zeit wieder ausgeglichen (FITCH 1973a).

43

ORTLEP (1965) beobachtete auf Barro Colorado Island, Panama, am 24. Juli 1963 in den Morgenstunden ein Helmbasiliskenweibchen bei der Eiablage. Es stützte sich mit den Vorderextremitäten am Rand der etwa 8 cm tiefen Grube auf, während die Kloake den Höhlenboden berührte und setzte innerhalb von eineinhalb Stunden insgesamt 18 Eier ab. Diese waren 19,3-22,4 mm (im Durchschnitt 21,0 mm) lang und 13,0-14,0 mm (im Durchschnitt 13,7 mm) breit.

LIEBERMANN (1980) hatte am 5. Juli 1978 an der Nordküste Kolumbiens die Gelegenheit, ein Helmbasiliskenweibchen bei der Eiablage zu beobachten. Auf einer Lichtung hatte es eine etwa 10 cm tiefe Grube gegraben, die einen Durchmesser von etwa 9 cm aufwies und in einem Winkel von 60° nach unten führte. Innerhalb von 40 Minuten setzte das Weibchen im Abstand von je etwa fünf Minuten insgesamt 8 Eier ab. Nachdem es das letzte Ei gelegt hatte, drehte es sich um und untersuchte das Nestinnere mit der Schnauze. Dann begann das Weibchen, mit den Vorderfüßen lose Erde in die Grube zu befördern. Nach einer Serie von sechs Kratzbewegungen mit jedem Vorderfuß drückte es die Erde über den Eiern mit der Schnauze fest. In relativ kurzer Zeit füllte es die Nestgrube auf, verweilte noch etwa eine halbe Stunde am Eiablageort, um dann zu verschwinden. Die Eier wurden am Eiablageort belassen und als Schutz vor Nesträubern mit einem Drahtgeflecht abgedeckt.

Mehrfache Temperaturmessungen im Gelege ergaben Werte zwischen 28 und 33,5°C, wobei die durchschnittliche Temperatur bei 30,9°C lag. Am 2. September 1978, nach einer Inkubationszeit von 60 Tagen, waren aus allen 8 Eiern Jungtiere geschlüpft.

Zucht

Helmbasilisken werden unter Terrarienbedingungen im Alter von 10 bis 18 Monaten geschlechtsreif (HOUTMAN 1987, LUTTENBERGER 1981, MARTENS 1977). Eiablagen wurden bei *Basiliscus basiliscus* das ganze Jahr über, am häufigsten aber in den Monaten Februar bis Juli beobachtet (vgl. Abb. 45). Die Gelegegröße beträgt 4-18 Eier, wobei die Weibchen, die das erste Mal Eier produzieren, kleinere Gelege absetzen (4-8 Eier/Gelege) als solche, die sich schon mehrfach fortgepflanzt haben (9-18 Eier/Gelege).

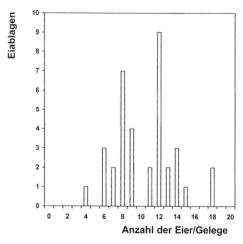

Abb. 44. Gelegegröße bei *Basiliscus basiliscus* (Auswertung von 36 Gelegen bei 7 Züchtern).

Abb. 45. Monatliche Häufigkeitsverteilung der Eiablagen bei *B. basiliscus* (Auswertung von 26 Eiablagen bei 6 Züchtern).

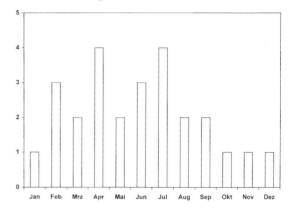

Anzahl der Eiablagen

Die Eier sind unmittelbar nach der Eiablage 19,3-29,0 mm lang (im Mittel 24 mm), 11-15 mm breit (im Mittel 13 mm) und wiegen 2,05-2,62 g (im Mittel 2,5 g). Im Laufe der Inkubation nehmen sie deutlich an Volumen und Gewicht zu und weisen kurz vor dem Schlupftermin eine Länge von 25-30 mm, eine Breite von 18-22 mm und ein Gewicht von 4,3-7,0 g auf (HUFENUS 1956, LIEBERMANN 1980, LUTTENBERGER 1981, ORTLEP 1965, PERRON 1974). Die Inkubationsdauer beträgt bei 30°C 60-76 Tage, bei 27°C 110-113 Tage (LIEBERMANN 1980, LUTTENBERGER 1981, ORTLEP 1965, PERRON 1974, MARTENS schriftl. Mitt. 1993). Es wurden jedoch auch wesentlich längere Inkubationszeiten beobachtet, wie z. B. bei HUFENUS (1956), der eine Inkubationsdauer von 142 (!) Tagen angibt, was sicherlich an einer noch tieferen Bruttemperatur gelegen hat.

Die frisch geschlüpften Helmbasilisken weisen eine Gesamtlänge von 105-133 mm (in der Regel 110-120 mm) bei einer KRL von 37-43 mm (in der Regel 39-41 mm) und einem Gewicht von 1,7-3,0g auf (HIRSCHFELD 1967, PERRON 1974, MARTENS 1977, ORTLEP 1965).

Mit 7,5 Monaten beginnt sich bei den männlichen Jungtieren der Kopflappen auszubilden. Im Alter von zwei Jahren ist der Rückenkamm der Männchen etwa 10 mm,

im Alter von 2 1/2 Jahren 15-20 mm hoch (MARTENS 1977). Spätestens im Alter von einem Jahr treten die ersten Unverträglichkeiten zwischen den Männchen auf. Um dem vorzubeugen, sollten die männlichen Basilisken frühzeitig voneinander getrennt werden.

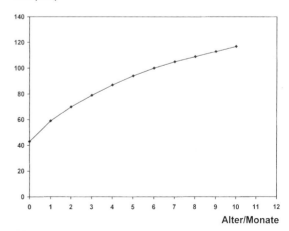

KRL(mm)

Alter/Monate

Abb. 46. Zunahme der KRL bei Helmbasilisken bis zu einem Alter von 10 Monaten (nach FITCH 1973a).

4.5.2. *Basiliscus galeritus* DUMÉRIL 1851 - Ecuadorbasilisk

1851 *Basiliscus Galeritus* DUMÉRIL in DUMÉRIL, Cat. Méth. Coll. Rept. Mus. Paris: 61; terra typica: "N.-Grenade", Kolumbien.
1852 *Ptenosaura Seemanni* GRAY (syn. fide BOULENGER 1885), Ann. Mag. Nat. Hist. (2) 10: 438.

Beschreibung

Basiliscus galeritus erreicht eine Gesamtlänge von mindestens 700 mm bei einer KRL von 190 mm (MATURANA 1962, eigene Untersuchungen). Der Rücken ist olivgrün und der Bauch rotbraun gefärbt. Rücken, Schwanz und Extremitäten

Abb. 47 (rechts oben).
Männlicher *B. galeritus*
aus Norcasia, Kolumbien.
Foto: W. Ferwerda

Abb. 48 (rechts unten).
Männlicher *B. galeritus*
aus dem westl. Ecuador.

Abb. 49. Lebensraum von
B. galeritus (westl.
Ecuador).
Insert: *B. galeritus,*
Weibchen.

sind auf der Oberseite mit rotbraunen Querbinden versehen. Die Kehle ist von weißer bis gelber Farbe. Ein schmaler weißer bis gelber Streifen beginnt unter dem Auge und zieht unterhalb des Trommelfells zum Hals, wo er verschwindet. Ein weiterer Längsstreifen befindet sich bei manchen Exemplaren in der Flankengegend. Statt eines Rückenkammes weist *Basiliscus galeritus* in Rückenmitte in regelmäßigen Abständen größere dreieckige Schuppen auf, die jeweils durch 2-4 kleinere Schuppen voneinander getrennt sind. Die adulten Männchen unterscheiden

47

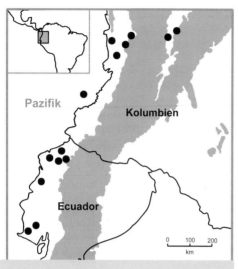

Abb. 50. Verbreitung von *B. galeritus*.

sich von den Weibchen durch das Vorhandensein eines abgerundeten Kopflappens, der an der Basis fleischig verdickt ist. Auf beiden Seiten zieht eine Hautfalte von der Basis des Kopflappens zum Trommelfell. Der Schwanz ist etwa dreimal so lang wie die KRL.

Verbreitung

Das Verbreitungsgebiet von *Basiliscus galeritus* ist beschränkt auf die Regenwaldgebiete der Pazifikseite von Kolumbien und Ecuador (MATURANA 1962). Angaben, daß die Art bis nach Costa Rica

vorkommt (PETERS 1965, PETERS & DONOSO-BARROS 1970, LANG 1989a), sind nicht korrekt und beruhen offensichtlich auf falsch bestimmten Jungtieren von *B. basiliscus* (SAVAGE mündl. Mitt. 1995).

Zucht

Da *Basiliscus galeritus* nur verhältnismäßig selten gepflegt wird, liegen auch nur spärliche Zuchterfahrungen vor. Die folgenden Angaben beziehen sich auf die Erfahrungen von BERT LANGERWERF, der die Art in Alabama, USA, in den Jahren 1993 bis 1996 vermehrt hat (B. LANGERWERF schriftl. Mitt. 1999).

Eiablagen wurden in den Monaten Juni bis Oktober festgestellt, wobei die Gelegegröße zwischen fünf und zehn Eiern schwankte. Unmittelbar nach der Eiablage wiesen die Eier eine Länge von 19-23 mm auf. Die Gelege wurden bei etwa 28°C in feuchtem Vermiculite gezeitigt. Nach einer Inkubationsdauer von 69-88 Tagen schlüpften die Jungtiere vor allem in den Monaten September bis Dezember (vgl. Tabelle). Die frisch geschlüpften Jungtiere wiesen eine KRL von durchschnittlich 43 mm bei einer Schwanzlänge von 132 mm auf.

Datum Eiablage	Anzahl d. Eier	Schlupf	Jungtiere	Inkubationsdauer (Tage) bei 28°C
29.06.1996	?	15.09.1996	2	81
03.07.1996	?	21. - 22.09.1996	3	76 - 77
18.08.1996	5	11. - 15.11.1996	5	84 - 88
07.09.1996	?	27.11. - 01.12.1996	5	79 - 83
30.09.1996	?	08. - 11.12.1996	7	69 - 72

Tabelle 1. Zuchtdaten von *B. galeritus* (B. LANGERWERF schriftl. Mitt. 1999).

4.5.3. *Basiliscus plumifrons* COPE 1876 - Stirnlappenbasilisk

1876 *Basiliscus plumifrons* COPE, J. Acad. nat. Sci. Philad. (2) 8: 125; terra typica: Sipurio, Costa Rica.

Beschreibung

Basiliscus plumifrons erreicht eine maximale Gesamtlänge von 920 mm (TEMBAAK, mündl. Mitt. 1992), bleibt jedoch mit 750-800 mm in der Regel kleiner.

Seine Grundfarbe ist ein leuchtendes Grün, Dunkelgrün, bei manchen Exemplaren auch Blaugrün. Eine Reihe weißlich-gelber bis bläulicher Flecken verläuft von der Nackenregion bis hin zur Schwanzwurzel, wo sie sich verliert. Bei einigen Tieren beginnt diese Reihe schon am hinteren Augenwinkel. Eine zweite Reihe derartiger Flecken zieht etwas weiter unterhalb von der Achsel bis zur Beckenregion. Auf dem Rückenkamm befinden sich 3-5 längliche senkrechte schwarze Flekken. Auch auf dem hinteren Kopflappen und in der hinteren Halsregion kann ein derartiger schwarzer Fleck vorhanden sein. Der kammfreie, hintere Teil des Schwanzes weist braune Querbänder auf. Auffällig ist die gelb gefärbte Iris.

Frisch geschlüpfte Stirnlappenbasilisken sind braun bis dunkel olivgrün gefärbt und besitzen schwarze Querbänder auf dem Rücken, die sich auf dem Schwanz fortsetzen. An den Seiten befinden sich türkise Längsstreifen, die sich später in Punktreihen auflösen. Die adulten Männchen besitzen einen zweigeteilten Kopflappen mit scharfen Rändern, wobei der hintere der Hauptlappen und der vordere nur ein kleinerer Stirnlappen ist. Der Rückenkamm der Männchen, der ebenso wie der Schwanzkamm von 15 Knochenspangen gestützt wird, ist am höchsten etwa in Rückenmitte. Seine Höhe entspricht bei adulten Männchen ungefähr dem Körperdurchmesser. Jungtiere und Weibchen besitzen lediglich einen kleinen, dreieckigen Kopflappen. Der Schwanz ist zweieinhalb- bis dreimal so lang wie der Körper.

Verbreitung

Der Stirnlappenbasilisk (*Basiliscus plumifrons*) weist nur ein verhältnismäßig kleines Verbreitungsgebiet auf. Er kommt vom östlichen Honduras über Nicaragua und Costa Rica bis nach Panama vor (MEYER & WILSON 1973, VILLA 1983, SAVAGE & VILLA 1986, LANG 1989a).

Lebensraum und Lebensweise

Basiliscus plumifrons lebt im tropischen Feucht- und Regenwald von Meereshöhe bis etwa 250 m NN, wo er geschlossene schattige Wälder in Gewässernähe bevorzugt. In Tortuguero (Costa Rica), wo Stirnlappenbasilisken recht häufig sind, bewohnt ein Paar dieser Art in der Regel einen großen, von Lianen, Bromelien, Orchideen und Farnen

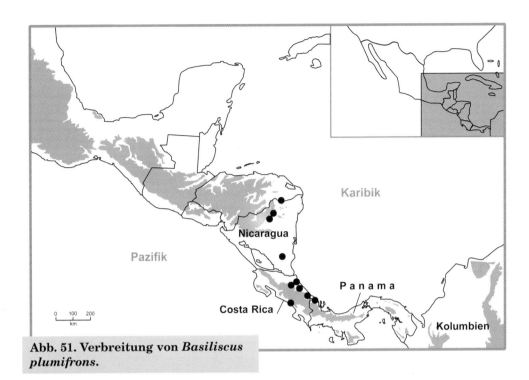

Abb. 51. Verbreitung von *Basiliscus plumifrons*.

Abb. 52. *Basiliscus plumifrons* (Weibchen) in Tortuguero (Costa Rica).

Abb. 53. *Basiliscus plumifrons*
(Weibchen) und sein Lebensraum in
Tortuguero (Costa Rica).

bewachsenen Baum in unmittelba-
rer Ufernähe eines Flusses. Die
Fluchtdistanz dieser tagaktiven
Echse beträgt ca. 4-10 m (KÖHLER
1991a). *Basiliscus plumifrons* lebt
mehr arborikol als z.B. *Basiliscus
vittatus* (HIRTH 1963). Als nächt-
lichen Schlafplatz wählt er bevorzugt belaubte Äste, die über die
Wasseroberfläche ragen (COVER
1986).

51

Ernährungsgewohnheiten

HIRTH (1962) untersuchte den Mageninhalt von 31 Stirnlappenbasilisken aus Costa Rica und fand insgesamt 70 verschiedene Arthropodenarten, wobei ein großer Anteil von Süßwassergarnelen auffiel und bemerkenswerterweise eine 44 mm große Fledermaus. Bei 8 der 12 adulten Basilisken waren pflanzliche Bestandteile, und zwar vor allem Samen, Früchte und Blätter nachweisbar, während die Jungtiere (bis 135 mm KRL) in den letzten 24 Stunden keinerlei vegetarische Kost zu sich genommen hatten. Erwähnenswert ist, daß COVER (1986) einen männlichen Stirnlappenbasilisk in Costa Rica fing, der zuvor einen Frosch (*Rana warszewitschii*) gefressen hatte.

Zucht

Stirnlappenbasilisken werden im Alter von 16 bis 18 Monaten mit einer KRL von mindestens 113 mm geschlechtsreif (FITCH 1973a). Unter Terrarienbedingungen können sie in Ausnahmefällen - bei sehr (zu?)

guter Fütterung - allerdings auch schon mit neun Monaten die Geschlechtsreife erlangen (I. KOBER schriftl. Mitt. 1999).

Auch beim Stirnlappenbasilisk wurden Eiablagen das ganze Jahr über, am häufigsten aber in den Monaten Februar bis September beobachtet (vgl. Abb. 54). Die **Gelegegröße** beträgt 4-17 Eier, wobei die Weibchen, die das erste Mal Eier produzieren, kleinere Gelege absetzen (4-8 Eier/Gelege) als solche, die sich schon mehrfach fortgepflanzt haben (8-17 Eier/Gelege).

Die Eier sind unmittelbar nach der Eiablage 20-24 mm lang (im Mittel 22 mm), 12-15 mm breit (im Mittel 13,5 mm) und wiegen 2,2-4,0 g (im Mittel 3,0 g). Dabei hat die Größe des Muttertieres keinen Einfluß auf die Eigröße, wohl aber auf die Gelegegröße.

Im Laufe der Inkubation nehmen sie deutlich an Volumen und Gewicht zu und weisen kurz vor dem Schlupftermin eine Länge von 24-34 mm (im Mittel 30 mm), eine Breite von 19-25 mm (im Mittel 21 mm) und ein Gewicht von 4,8-13,0 g (im Mittel 7 g) auf (PAWLEY 1972, PERRON 1974, BLOXAM & TONGE 1980, R. MERLAU schriftl. Mitt. 1991).

Die **Inkubationsdauer** beträgt bei 24-25°C 90-105 Tage, bei 27-28°C 65-75 Tage und bei 29-30°C 55-65

Anzahl der Eiablagen

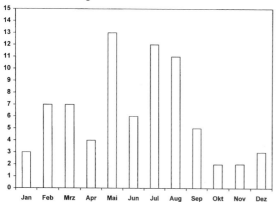

Abb. 54. Monatliche Häufigkeitsverteilung der Eiablagen bei *Basiliscus plumifrons* (Auswertung von 68 Eiablagen bei 14 Züchtern).

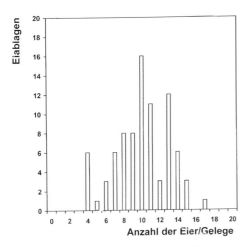

Abb. 55. Gelegegröße bei *Basiliscus plumifrons* (Auswertung von 73 Gelege bei 16 Züchtern).

Tage (PERRON 1974, BLOXAM & TONGE 1980, PONGRATZ 1982, MÜLLER 1983, VAN TEIJEN 1991, F. BRÜCKNER schriftl. Mitt. 1992, S. FURTWÄNGLER schriftl. Mitt. 1992, F. RIEDEL schriftl. Mitt. 1992). Allerdings kann man häufig starke Abweichungen von diesem Schema beobachten, welche eine Korrelation zwischen Inkubationstemperatur und -dauer nur schwer erkennen lassen.

Abb. 56. Eier nach verschieden langer Inkubationsdauer. Das rechte Ei ist nach 37 Tagen Inkubation bereits 26x18 mm groß und wiegt 7 g (+180%), während das linke Ei nach 75 Tagen Inkubation sogar eine Größe von 34x25 mm bei einem Gewicht von 13 g (+420%!) aufweist. Foto: W. Graichen

Abb. 57. Zunahme der Gesamtlänge bei *Basiliscus plumifrons* im ersten Lebensjahr (NECKER schriftl. Mitt. 1992, MERLAU schriftl. Mitt. 1981)

Die frisch geschlüpften *Basiliscus plumifrons* weisen eine Gesamtlänge von 95-135 mm (im Mittel 125 mm) bei einer KRL von 35-42 mm (im Mittel 39 mm) und einem Gewicht von 1,7-3,2 g (im Mittel 3,1 g) auf (PERRON 1974, BLOXAM & TONGE 1980, PONGRATZ 1982, MÜLLER 1983, F. BRÜCKNER schriftl. Mitt. 1992, F. RIEDEL schriftl. Mitt. 1992).

Die erste Häutung der jungen Basilisken findet im Alter von 6-8 Wochen statt. Die jungen Stirnlappenbasilisken wachsen rasch

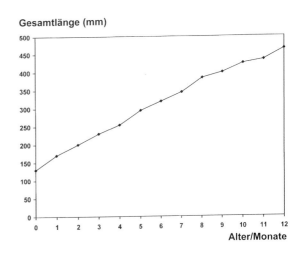

53

heran und erreichen nach sechs Monaten eine Gesamtlänge von 280-420 mm (im Mittel 320 mm) bei einem Gewicht von 19-60 g (im Mittel 45 g) (BLOXAM & TONGE 1980, S. FURTWÄNGLER 1992, R. MERLAU schriftl. Mitt. 1991).

Im Alter von fünf bis sechs Monaten läßt sich das Geschlecht der Nachzuchttiere sicher unterscheiden, da der Kopflappen bei den Männchen in diesem Alter bereits deutlich zu wachsen beginnt. Knapp einen Monat später beginnt das Rückensegel sichtbar zu werden,

Abb. 58 (links oben). Weibchen von *B. plumifrons* mit deutlich kleinerem Kopflappen. Foto: I. Kober

Abb. 59 (links unten). Prachtvolles Männchen von *B. plumifrons*. Foto: F. Riedel

Abb. 60 (oben). Stirnlappenbasilisk (Männchen) mit blaugrüner Färbung. Foto: I. Kober

während sich das Schwanzsegel erst bildet, wenn das Rückensegel schon weit entwickelt ist. Mit etwas Erfahrung erkennt man die Hemipenistaschen bei den Männchen schon etwas früher (I. KOBER schriftl. Mitt. 1999).

Im Alter von fünf Monaten beginnt der Kopf grünlich zu werden und die Umfärbung schreitet langsam Richtung Schwanz voran. Zunächst ist die grüne Färbung nur beim Sonnen zu beobachten und erst nach und nach bleibt sie permanent. Es kann bis zu einem Alter von 13-16 Monaten dauern, ehe die Tiere ihre volle Farbintensität erreicht haben (I. KOBER schriftl. Mitt. 1999).

4.5.4. *Basiliscus vittatus* Wiegmann 1828 - Streifenbasilisk

1828 *Basiliscus vittatus* WIEGMANN, Isis von Oken 21: 373; terra typica: Mexiko.

1852 *Cristasaura mitrella* GRAY (syn. fide BOULENGER 1885), Ann. Mag. Nat. Hist. (2) 10: 439:

1860 *Daconura bivittata* HALLOWELL (syn. fide BOULENGER 1885), Proc. Acad. Nat. Sci. Philad. 12: 482.

1862 *Basiliscus (Cristasaura) nuchalis* COPE (syn. fide BOULENGER 1885), Proc. Acad. Nat. Sci. Philad. 14: 181

1893 *Dactylocalotes elisa* WERNER (syn. fide PETERS & DONOSO-BARROS 1970), Zool. Anz. 16: 361.

Beschreibung

Basiliscus vittatus erreicht eine maximale Gesamtlänge von 750 mm (OBST et al. 1984) bei einer KRL von 170 mm (MATURANA 1962). Die meisten bleiben mit einer Gesamtlänge von 430-520 mm bei einer KRL von 115-134 mm und einem Gewicht von 40-70 g jedoch wesentlich kleiner (FITCH 1973a).

Auf brauner bis olivbrauner Grundfärbung besitzt der Streifenbasilisk zwei weiße bis gelbe Längsstreifen auf jeder Seite. Der obere, der in der Kopfregion unterbrochen sein kann, beginnt am hinteren Augenwinkel. Der untere Streifen verläuft von den Nasenlöchern unterhalb des Auges bis in die Flankengegend. Der Rücken weist ebenso wie die Extremitäten und der Schwanz dunkle Querbänder auf. Die Körperunterseite ist gelblich, die Kehlregion leicht orange gefärbt.

Wie alle Basilisken weist auch *Basiliscus vittatus* einen ausgeprägten Geschlechtsdimorphismus auf. Nur die Männchen besitzen einen großen, dreieckigen und nach hinten gerichteten Kopflappen. Im Gegensatz zum Helm- und Stirnlappenbasilisken tragen sie jedoch einen nur sehr niedrigen Rücken- und Schwanzkamm.

Verbreitung

Der Streifenbasilisk hat ein ausgedehntes Verbreitungsgebiet, das von Jalisco und dem südlichen Tamaulipas in Mexiko durch den Isthmus von Tehuantepec über Mittelamerika bis nach Nordwest-Kolumbien reicht (HARTWEG & OLIVER 1940, SCHMIDT 1941, MERTENS 1952, DUELLMAN 1963, DUELLMAN 1965b, FITCH 1973a&b, MEYER & WILSON 1973, HENDERSON & HOEVERS 1975, LEE 1980, ALVAREZ DEL TORO 1983, VILLA 1983, JOHNSON 1984, DUNDEE et al. 1986, SAVAGE & VILLA 1986). BOULENGER (1885) vermerkt den Streifenbasilisken auch aus Ecuador, was seitdem jedoch nicht mehr bestätigt worden ist. Zum Auftreten von *B. vittatus* in Südflorida vergleiche Kapitel 4.1..

Lebensraum und Lebensweise

Der erstaunlich anpassungsfähige Streifenbasilisk bewohnt die unterschiedlichsten Lebensräume und ist auch in arideren Gegenden als die übrigen Basiliskenarten zu finden. So lebt er im tropischen und

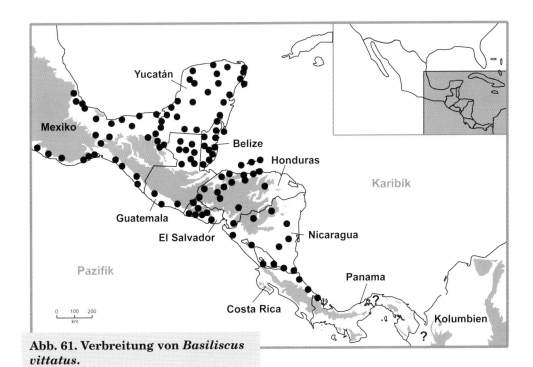

Abb. 61. Verbreitung von *Basiliscus vittatus*.

subtropischen Regen- und Trockenwald von Meereshöhe bis etwa 1500 m NN an Fluß- und Bachufern, wobei er offenes Gelände bevorzugt (ALLE & SCHMIDT 1952, FITCH 1973a).

Streifenbasilisken sind vielerorts ausgesprochen häufig. Auf den Islas de la Bahia, Honduras, beispielsweise ist diese Art nahezu allgegenwärtig und stellt dort das häufigste Reptil dar. Selbst an Mülldeponien am Rande des Mangrovensumpfes (reiches Futterangebot) kann man sie in großer Individuendichte beobachten.

Im trockenen westlichen und nördlichen Teil der Yucatán-Halbinsel, wo aquatische Habitate fehlen, kommt *Basiliscus vittatus* an Viehtränken, Brunnen und anderen Wasserstellen im dichten Trokkenwald und in kleinen Dörfern vor (DUELLMAN 1965b, LANG 1989a, eigene Beobachtungen 1992). Junge Streifenbasilisken habe ich in Yucatán vor allem an alten Natursteinmauern beobachten können.

HARTWEG & OLIVER (1940) berichten, daß Streifenbasilisken am Isthmus von Tehuantepec (Mexiko) häufig in der Umgebung von Bewässerungsgruben und Wasserlöchern zu finden sind, von denen sie sich nicht weit entfernen. In Michoacán findet man diese Art nur an der Küste sowie in den tieferen Lagen des Tepalcatepec-Beckens entlang größerer Flüsse. Häufig ist *Basiliscus vittatus* dort in den Mangrovensümpfen, welche die Brackwasserlagunen an der Küste umgeben (DUELLMAN 1961, 1965a).

Abb. 62. Erwachsene *B. vittatus* sitzen häufig an Kokospalmenstämmen (Roatán, Honduras).

In Nicaragua ist der Streifenbasilisk in tiefen und mittleren Lagen eine der häufigsten Echsen, während er über 1200 m NN nicht anzutreffen ist (MERTENS 1952). Er besiedelt dort Gärten und mit Pflanzen überwucherte Hauswände. Sogar an den Straßen am Rande der Hauptstadt fehlt er nicht.

In Costa Rica werden juvenile Streifenbasilisken vor allem am Strand, adulte hingegen überwiegend in der Vegetation und insbesondere den Kokospalmenhainen angrenzend an Flüssen beobachtet. Erwachsene *Basiliscus vittatus* sitzen bevorzugt auf Zaunpfählen und an Kokospalmenstämmen, während Jungtiere mehr auf dem Boden sowie auf Baumstümpfen und umgefallenen Stämmen zu beobachten sind (HIRTH 1963).

Zwischen den Aufenthaltsräumen erwachsener und junger Basilisken besteht praktisch keine Überlappung, so daß sie im Prinzip zwei separate ökologische Populationen darstellen (HIRTH 1963). Im Laufe des Wachstums wechseln die Streifenbasilisken von ihrem Jugendhabitat (= der Strandbereich) in das Erwachsenenhabitat (= Kokospalmenhaine und andere Vegetationstypen entlang von Flüssen).

Interessanterweise besitzen juvenile Männchen die größten Aufenthaltsräume (bis 20 Quadratmeter), während die der juvenilen Weibchen und erwachsenen Streifenbasilisken

**Abb. 63. Lebensraum von B. *vittatus*
in El Imposible, El Salvador.**

**Abb. 64. Weibchen von B. *vittatus*
während der Häutung (Utila,
Honduras).**

nur 10-15 Quadratmeter groß sind
(HIRTH 1963). Im Gegensatz zu den
Jungtieren, kann man bei den
Adulti eine enge Bindung der Tiere
an ein bestimmtes Objekt - z. B.
einen Baumstamm, Zaunpfahl,
Mauer oder Felsen - beobachten.
HIRTH (1963) ermittelte 14-27 juve-
nile Basilisken und 5-11 Adulti pro
Hektar in Tortuguero, Costa Rica.

Die Hauptaktivitätsperiode fällt
in die Morgenstunden. In der

Mittagshitze sind keine Basilisken in der Sonne zu finden. Erst wenn Luft- und Bodentemperaturen gegen 16 Uhr zu sinken beginnen, erscheinen die Basilisken wieder für eine weitere - allerdings kürzere - Aktivitätsperiode (HIRTH 1963). Die Aktivität dieser Echsen wird vor allem durch Thermoregulation und Nahrungssuche bestimmt.

Wenn die Sonne untergeht, klettern die Basilisken auf den nächst erreichbaren Baum, wobei sie nicht sehr standorttreu sind. Manche Tiere können eine Zeitlang jede Nacht an ungefähr der gleichen Stelle eines bestimmten Baumes gefunden werden. Meist wechseln sie jedoch ihren Schlafplatz recht wahllos. Zwischen 17.30 und 19.30 Uhr suchen sie ihren Schlafplatz auf. Die früheste bisher festgestellte Tageszeit, an der Basilisken ihren Schlafplatz aufsuchten, war 16.30 Uhr (HIRTH 1963).

Beim Schlafen werden die Beine unter den Körper gefaltet. Die durchschnittliche Schlafhöhe beträgt 1,4 m (0,3-2,7 m) (HIRTH 1963). Die meisten wählen die niedrigeren Blätter gesunder Kokospalmen, selten schlafen sie auf braunen, welken Blättern oder toten, blattlosen Ästen. Die Hälfte dieser Basilisken hatte den untersten Palmenast als Schlafplatz gewählt. Zwei adulte Männchen findet man nie im selben Baum.

Basiliscus vittatus wurde in Mexiko auch unter Brücken schlafend gefunden (CONANT 1951). In Costa Rica habe ich Basilisken (sowohl *B. vittatus* als auch *B. basi-*

liscus) nachts vorwiegend auf dünnen belaubten Zweigen in 120-500 cm Höhe gefunden. Einige der Tiere schliefen auf Palmenblättern. Bemerkenswert ist, daß Basilisken einen sehr leichten Schlaf haben und bei der geringsten Störung sofort wach werden und die Augen öffnen.

Während schwerer Regenfälle, Gewitter und Stürme verlassen die Basilisken oftmals ihren Schlafplatz, um anderswo Zuflucht zu suchen.

Thermoregulation

Untersuchungen von HIRTH (1963 & 1964) ergaben, daß Streifenbasilisken ihre Körpertemperatur wenn möglich bei 33-37°C halten. Die Vorzugstemperatur liegt bei 35°C und die Letaltemperatur bei 44,7°C, wobei zu beachten ist, daß es auch schon ab 41°C zu Todesfällen kommen kann. So wurde von HIRTH (1963) ein männlicher *Basiliscus vittatus* für 50 Minuten Temperaturen zwischen 38,2 und 40,4°C ausgesetzt, was er zunächst ohne offensichtlichen Schaden überlebte. Er starb jedoch am nächsten Morgen. Möglicherweise führen auch schon subletale Erwärmungen zu irreversiblen Schäden und schließlich zum Tod der Tiere.

Ernährungsgewohnheiten

HIRTH (1963) untersuchte den Mageninhalt von 110 juvenilen und 210 adulten *Basiliscus vittatus* in Tortuguero, Costa Rica, und stellte bei ersteren 710, bei den adulten sogar 1812 verschiedene gefressene

Arthropodenarten fest. Die bevorzugte Beute der vorwiegend am Strand jagenden Jungtiere sind Flohkrebse (*Talitridae*), Wolfsspinnen (*Lycosidae*), Schwarzkäfer (*Tenebrionidae*), Feldheuschrecken (*Acrididae*) sowie nicht näher bestimmte Zweiflügler (*Diptera*). In den Mägen der erwachsenen Basilisken wurden vor allem Ameisen (*Formicidae*), gefolgt von Schwarzkäfern (*Tenebrionidae*) und Heuschrecken (*Acrididae*) gefunden.

Die erwachsenen Basilisken nehmen verstärkt vegetarische Kost, und zwar vor allem Gräser, Samen und Beeren zu sich. 20% der von HIRTH (1963) untersuchten adulten Tiere hatten auch, 3% sogar ausschließlich pflanzliche Nahrung im Magen.

Hinsichtlich Trocken- bzw. Regenzeit weist das Nahrungsspektrum der Basilisken keine auffälligen Unterschiede auf (HIRTH 1963). HALLINAN (1920), der das Nahrungsspektrum von *Basiliscus vittatus* in Panama untersuchte, fand neben verschiedenen Insekten auch Obst und sogar einen Fisch im Magen der Basilisken. Im Gegensatz zu den Adulti gehen juvenile Basilisken auch aktiv auf Beutesuche, wobei oftmals ein "opportunistisches" Verhalten festgestellt werden kann. Nester von Meeresschildkröten oder Grünen Leguanen, die von Hunden oder Menschen freigelegt wurden, wirken aufgrund der durch die Gelegereste in großen Mengen angelockten Insekten für Basilisken überaus anziehend. HIRTH (1963) beobachtete, wie zahlreiche Gespensterkrabben (*Ocypode quadratus*) Hunderte von Entenmuscheln (*Lepas quadratus*), die mit einem Baumstamm an den Strand gespült worden waren, öffneten und fraßen. Zur gleichen Zeit hatten sich drei juvenile Basilisken eingefunden, welche auf die in großer Zahl angelockten Insekten Jagd machten.

Fortpflanzung

Streifenbasilisken werden mit einer KRL von 80-100 mm bei einem Gewicht von 15-25 g schon im Alter von 6-10 Monaten geschlechtsreif (GAIGE et al. 1937, HIRTH 1963, FITCH 1973a). Die von HIRTH (1963) untersuchten Weibchen enthielten 2-6 (im Durchschnitt 4,2) Eier. Die maximale Gelegegröße beträgt beim Streifenbasilisk 18 Eier/Gelege (AHL

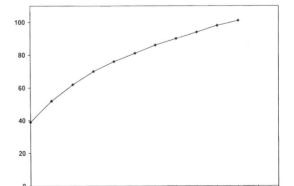

Abb. 65. Zuname der KRL bei *Basiliscus vittatus* in den ersten 10 Lebensmonaten im natürlichen Lebensraum in Costa Rica (nach FITCH 1973a).

Abb. 66 (oben). Stattliches Männchen von *B. vittatus* in El Refugio, El Salvador.

Abb. 67 (unten). Juveniler *B. vittatus* an einem Bach in Carara, Costa Rica.

1930, FITCH 1970). In Costa Rica sind frisch geschlüpfte *Basiliscus vittatus* zu jeder Jahreszeit, am zahlreichsten aber während der Regenzeit (Mai bis Oktober) anzutreffen (FITCH 1973a, HIRTH 1963).

Wachstum

HIRTH (1963) untersuchte das Wachstum von *Basiliscus vittatus* in Costa Rica und fand erwartungsgemäß eine starke Abhängigkeit der Wachstumsgeschwindigkeit vom Alter des Tieres. So wachsen Jungtiere in den ersten Lebenswochen durchschnittlich 0,45 mm (manche sogar bis 0,7 mm) KRL/Tag, während halbwüchsige Streifenbasilisken (60-70 mm KRL) nur noch 0,23 mm KRL/Tag zulegen. Erwachsene Streifenbasilisken (100-

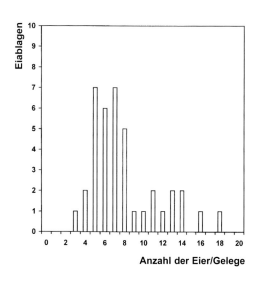

125 mm KRL) zeigen eine noch wesentlich geringere Wachstumsgeschwindigkeit (0,01-0,02 mm KRL/Tag).

Zucht

Streifenbasilisken erreichen auch im Terrarium schon sehr früh, im Alter von 6 bis 10 Monaten, die Geschlechtsreife. Eiablagen wurden bei *B. vittatus* das ganze Jahr über, am häufigsten aber in den Monaten März bis September beobachtet (vgl. Abb. 82). Die Gelegegröße beträgt 3-18 Eier, wobei die Weibchen, die das erste Mal Eier produzieren, kleinere Gelege absetzen (3-8 Eier/Gelege) als solche, die sich schon mehrfach fortgepflanzt haben (8-18 Eier/ Gelege). Die Eier sind unmittelbar nach der Ablage durchschnittlich 17 mm lang und 11 mm breit, bei einem durchschnittlichen Gewicht von 1,2 g. Sie weisen gegen Ende der Inkubationsperiode eine Größe von durchschnittlich 20x12 mm auf (CONANT & DOWNS 1940, WERLER 1970).

Die **Inkubationsdauer** beträgt bei 28-30°C 50-70 Tage (ENGELHARDT 1991, SCHEU schriftl. Mitt. 1992, TEMBAAK schriftl. Mitt. 1992, WILMS schriftl. Mitt. 1992). Die frisch geschlüpften Streifenbasilisken weisen eine Gesamtlänge von 117-149

Abb. 68 (links): Gelegegröße bei *Basiliscus vittatus* (Auswertung von 37 Gelegen bei 10 Züchtern).

Abb. 69 (rechts): Monatliche Häufigkeitsverteilung der Eiablagen bei *Basiliscus vittatus* (Auswertung von 33 Eiablagen bei 6 Züchtern).

Abb. 70. Weibchen von *B. vittatus* im Terrarium.   Foto: M. Engelhardt

mm (im Mittel 139 mm) bei einer KRL von 32-43 mm (im Mittel 39 mm) und einem Gewicht von 1,35-1,8 g (im Mittel 1,67 g) auf (ENGELHARDT 1991, WERLER 1970, WILMS schriftl. Mitt. 1992).

Innerhalb von sechs Monaten erreichen die Jungtiere eine Gesamtlänge von 242-258 mm (im Mittel 250,5) bei einer KRL von 63-70 mm (im Mittel 66,8 mm) und einem Gewicht von 8-12 g (im Mittel 10,5 g).

Anzahl der Eiablagen

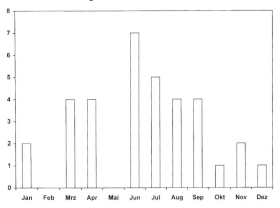

5. Helmleguane (*Corytophanes*)

Der Gattungsname *Corytophanes* ist von den griechischen Wörtern "korys" ("Helm") und "phaneros" ("sichtbar", "auffällig") abgeleitet und bezieht sich auf den gattungscharakteristischen Kopfhelm. Im Englischen werden Helmleguane als "Helmeted basilisks" bezeichnet. Für den Mittelamerikanischen Helmleguan (*C. cristatus*) sind die folgenden Lokalnamen bekannt (LEE 1996): "old man" (Belize), "piende jente" (Mexiko), "turipache selvatico" (Mexiko), "xuxup torok" (Lacandón Maya). *C. hernandezii* wird in Mexiko "turipache de montaña" genannt (LEE 1996).

5.1. Pflege im Terrarium

Helmleguane benötigen ein Terrarium mit den Mindestmaßen von ca. 60x60x100 cm (LBH). Mehrere Äste sowie reichliche Bepflanzung (z.B. *Ficus benjamini*) sind notwendig, wenn sich Helmleguane wohl fühlen sollen. Wichtig ist ein guter Sichtschutz durch Blattwerk. Es empfiehlt sich, mit Korkplatten oder ähnlichem Material mehrere Rückzugsorte zu schaffen. Als Bodengrund kann Blumenerde oder Rindenmulch verwendet werden. Sehr gute Erfahrungen wurden mit zerkleinertem Blähton (heute als Seramis im Handel erhältlich) gemacht. Der Ton ist in der Lage, große Mengen Feuchtigkeit aufzunehmen, kontinuierlich wieder an die Umgebung abzugeben und so die Luftfeuchtigkeit im Terrarium zu erhöhen. Unterstützt wird dies durch eine Heizmatte, die den feuchten Blähton von unten erwärmt.

Die Lufttemperatur sollte tagsüber 25-30°C betragen und nachts auf 22-24°C absinken. Die relative Luftfeuchtigkeit beträgt tagsüber 70-80% und steigt nachts auf 100% an. Die Beleuchtung entspricht der eines Basiliskenterrariums, s. S. 22). Die Beleuchtungsdauer kann das ganze Jahr über 12 Stunden betragen. Um die Fortpflanzungsaktivität zu stimulieren, sollte in den Monaten Mai bis Oktober eine Regenzeit nachgeahmt werden, also zwei bis dreimal täglich gesprüht werden. Während der Trockenzeit (November bis April) genügt es, wenn drei bis viermal pro Woche das Terrarium beregnet wird.

Gefüttert werden Helmleguane mit den üblichen im Handel erhältlichen Insekten, die vor dem Verfüttern mit einem Mineralstoffgemisch wie z.B. Korvimin ZVT eingestäubt werden. Im Terrarium wirken diese Echsen beim Beutefang eher unbeholfen. Grillen, die nicht durch Kühlung "verlangsamt" wurden, werden nur schwer gefangen. Deshalb hat es sich bewährt, die Futtertiere von Hand oder Pinzette anzubieten, da sich sonst ein Großteil der Insekten verkriecht und nicht gefressen wird. Futter wird manchmal nur alle zwei Tage aufgenommen. Helmleguane trinken bevorzugt beim Sprühen. Sie

Abb.71. Helmleguan (*C. cristatus*) in seinem natürlichen Lebensraum in Saslaya, Nicaragua (800 m NN).

lernen jedoch auch, aus Wasserschalen und Vogeltränken Wasser aufzunehmen.

Über die **Lebenserwartung** von Helmleguanen liegen nur wenige Daten vor. LANG (1989) gibt die maximale belegte Lebenserwartung von *C. cristatus* mit zwei Jahren und fünf Monaten an. Daß dies noch lange nicht das erreichbare Höchstalter von Helmleguanen ist, zeigen die Erfahrungen von D. RITTMANN (pers. Mitt. 1999), bei dem ein Männchen von *C. cristatus* über zehn Jahre im Terrarium gelebt hat.

5.2. Die Helmleguanarten

Die Gattung *Corytophanes* besteht aus drei Arten, die alle monotypisch sind (LANG 1989a, LEE 1996): *Corytophanes cristatus*, *C. hernandezii* und *C. percarinatus*.

Bestimmungsschlüssel für die Arten der Gattung *Corytophanes*

1a Kamm des Kopfhelmes geht ohne Unterbrechung auf den Rückenkamm über..................................... **2**

b Kamm des Kopfhelmes nicht kontinuierlich mit Rückenkamm .... **C. hernandezii**

2a Kopfhelm auf knöchernen Schädelfortsatz beschränkt; Schuppen auf Kopfoberseite gekielt oder zumindest deutlich runzelig .... **C. percarinatus**

b Kopfhelm geht über knöchernen Schädelfortsatz hinaus; Schuppen auf Kopfoberseite glatt .... **C. cristatus**

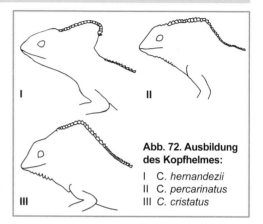

Abb. 72. Ausbildung des Kopfhelmes:

I C. hernandezii
II C. percarinatus
III C. cristatus

5.2.1. *Corytophanes cristatus* (MERREM 1821)

1821 *Agama cristata* MERREM, Tentamen Systematis Amphibiorum: 50; terra typica: Ceylon; terra typica restricta: Orizaba, Veracruz, Mexiko (SMITH & TAYLOR 1950: Bull. U.S. Natl. Mus. 199: 69).

Beschreibung

Corytophanes cristatus erreicht eine Gesamtlänge von knapp 40 cm bei einer KRL von 12 cm und einem Gewicht von ca. 30 g (OOSTVEEN 1974). Wie alle Arten der Gattung hat auch *C. cristatus* einen seitlich abgeflachten Körper und gut entwickelte schlanke Gliedmaßen. Der Schwanz ist 2,0-2,5 mal so lang wie Kopf und Körper. Die Schuppen auf der Kopfoberseite sind klein und glatt. In der Frontalregion des großen Kopfes zeigt sich eine Vertiefung, die seitlich von Knochenleisten begrenzt wird. Diese Leisten verschmelzen im Hinterhauptbereich, um den Kopfhelm zu bilden. Eine Hautfalte mit gesägtem Rand verläuft kontinuierlich vom Helm zum Rücken. Der Rückenkamm setzt sich bis auf die Schwanzbasis fort. Die seitliche Körperbeschuppung ist verhältnismäßig fein mit eingestreuten größeren, gekielten Schuppen. Die kleine Kehlfahne weist einen Kamm auf. Die Färbung variiert zwischen dunkelbraun, rotbraun und olivgrün mit unregelmäßigen schwarzbraunen Flecken oder Querbändern. Oftmals befindet sich ein heller Fleck in der Schulterregion. Die Bauchseite ist hellbraun gefärbt und weist undeutliche dunkle Flecken auf. Die Farbe der Iris variiert zwischen rot und rotorange. Helmleguane sind zu einem raschen Farbwechsel von olivgrün über braun zu schwarz befähigt.

Das Geschlecht läßt sich am deutlichsten an der Schwanzwurzel erkennen. Diese ist durch die Hemipenistaschen beim Männchen sichtbar verdickt. Weiterhin besitzen die Männchen einen größeren Helm und einen etwas massigeren Kopf.

Verbreitung

Das Verbreitungsgebiet von *C. cristatus* reicht von Veracruz im südöstlichen Mexiko an der Basis der Yucatán-Halbinsel entlang durch die mittelamerikanischen Staaten bis nach Nordwest-Kolumbien. Dort bewohnt diese Echse tropische und subtropische Feuchtwälder von Meereshöhe bis etwa 1300 m N.N. (LANG 1989, VILLA et al. 1988, LEE 1996).

Lebensraum und Lebensweise

Helmleguane sind ruhige tagaktive Baumbewohner, die sich überwiegend im Halbschatten aufhalten. Man findet diese attraktiven Echsen in primären und sekundären Regenwäldern, wo die Tiere meist regungslos an senkrechten dünnen Stämmen (Durchmesser nicht wesentlich größer als der Körperdurchmesser der Leguane) sitzen. Sie verlassen sich auf ihre Tarnung und lauern als Ansitzjäger auf Beute. Bei einem Exemplar von *C. cristatus* aus Chiapas, Mexiko, wurde dichter Moos- und Algenbewuchs (*Taxilejeunea obtusangula* und *Cladophora* sp.) auf der Kopfoberseite festgestellt, so daß das ansonsten braune Tier in diesem Bereich grün gefärbt war (GRAD-

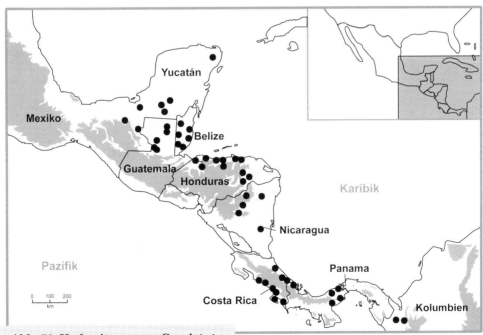

Abb. 73. Verbreitung von *C. cristatus.*

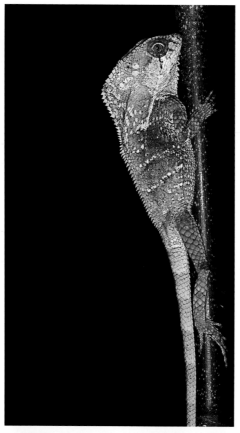

STEIN & EQUIHUA 1995). Die Autoren vermuteten, daß der beobachtete Pflanzenbewuchs für die Tarnung des Tieres günstig sei.

Mageninhaltsanalysen lassen vermuten, daß *C. cristatus* in Freiheit unregelmäßig, vielleicht sogar nicht einmal täglich Nahrung zu sich nimmt (ANDREWS 1979). Das Beutespektrum der Helmleguane besteht überwiegend aus Insekten, wobei eine Vorliebe für große Arthropoden wie Schmetterlinge, Käferlarven und Sattelschrecken festgestellt wurde. Sie verschmähen aber auch kleine Wirbeltiere wie z.B. Anolis nicht (ANDREWS 1983).

Abb. 74 (oben). Häufig sitzen Helmleguane regungslos an senkrechten dünnen Stämmen (*C. cristatus*, Saslaya, Nicaragua).

Abb. 75 (unten). Zur Eiablage kommen die Weibchen auf den Boden (*C. cristatus*, Cordillera Isabelia, Nicaragua).

Abb. 76 (rechts unten). Als Schutzreflex gegenüber Beutegreifern ist das "Totstellen" bei Helmleguanen (*C. cristatus*) zu werten.

Aufgeschreckte Helmleguane versuchen, durch kurze Sprünge und Laufen auf den Hinterbeinen zu entkommen. In Nicaragua habe ich nachts einen schlafenden Helmleguan auf einem Ast entdeckt, der sich tot stellte, sobald ich ihn in die Hand genommen hatte (Abb. 76). Erst nach etwa 10 Minuten begann das Tier, sich wieder normal zu bewegen.

TAYLOR (1956) beobachtete ein Helmleguanweibchen in Costa Rica, das am 9. September ein Gelege mit sechs Eiern im Regenwaldboden vergrub. BOCK (1987) berichtet von

Abb. 77 (links). Pärchen von *C. cristatus* zur Paarungszeit im Terrarium.

Abb. 78 (rechts). Trächtiges Weibchen (*C. cristatus*) im Terrarium.

Fotos: D. Rittmann

einem Weibchen, das am 25. Juni in Costa Rica eine Nesthöhle mitten auf einem Pfad im Regenwald ausgegraben hatte. Die Höhle war etwa 9 cm tief, wies einen Durchmesser von 5 cm auf und enthielt fünf Eier. Der Kopf des Weibchens war voller Erde, weshalb vermutet werden kann, daß das Tier den Kopf bei der Höhlenkonstruktion mit eingesetzt hat. Diese Vermutung wird unterstützt von LAZCANO-BARRERO & GÓNGORA-ARONES (1993), die ebenfalls ein Weibchen von *C. cristatus* in Chiapas beobachtet hatten, das am 27. Juli fünf Eier in eine flache Nesthöhle gelegt hatte. Auch dieses Tier wies Erdverkrustungen am Kopf auf. STUART (1958) fing in El Petén, Guatemala, Anfang April ein Jungtier. Nach den Untersuchungen von FITCH (1970) zeigt *C. cristatus*

keine ausgeprägte Fortpflanzungs-saisonalität; Paarungen und Eiablagen finden über das ganze Jahr verteilt statt.

Zucht

Im Terrarium wurden Paarungen von Helmleguanen in den Monaten Mai und Juli beobachtet (KÖHLER et al. 1994). Ein Nackenbiß wurde dabei nicht festgestellt (RITTMANN pers. Mitt. 1999). Die Gelegegröße beträgt 4-11 Eier, wobei ein Ei unmittelbar nach der Ablage 2-4 g wiegt, bei einer Größe von 10-15 mm x 18-30 mm (REAM 1965, BOCK 1987, KÖHLER et al. 1994). Das Weibchen vergräbt die Eier 6-10 cm tief in den Bodengrund des Terrariums, oftmals in einer Ecke. Nachdem es das Loch wieder zugeschüttet hat, drückt es die Oberfläche des Substrates mit der Schnauze fest und verteidigte den Ablageort noch eine Weile recht vehement.

Die Inkubation erfolgt bei Temperaturen von 26-30°C und einer relativen Luftfeuchte von 100%. Als Substrat eignet sich Vermiculite oder ein Torf-Sandgemisch (3:1), welches leicht erdfeucht sein sollte. Die Eier nehmen während der Inkubation deutlich an Größe und Gewicht zu und können gegen Ende der Zeitigung 8,5 g schwer sein bei einer Größe von 22-28 mm x 33-52 mm (REAM 1965, POLOUCEK 1992).

Zur Inkubationszeit liegen mit 60-155 Tagen abhängig von den Inkubationsbedingungen sehr unterschiedliche Beobachtungen vor. Die frisch geschlüpften *C. cristatus* weisen eine Gesamtlänge von 57-75 mm bei einer KRL von 25-30 mm auf (REAM 1965, KÖHLER et al. 1994). Die Aufzucht der jungen Helmleguane ist nicht einfach und die Jungtiersterblichkeit war bei den bisherigen Nachzuchten sehr hoch. Immerhin wurden vier der fünf bei F. IHRINGER geschlüpften Jungtiere älter als sechs Monate (KÖHLER et al. 1994).

Gelegegröße	Temperatur	Dauer (Tage)	Schlupfrate	Quelle
6	24,5°C	150	17%	REAM 1965
4	?	133	75%	LÜTHI-MÜLLER 1978
7-11	28°C	115-124	14-27%	IHRINGER unveröff. 1991
4	30°C	135	25%	IHRINGER unveröff. 1991
6	30°C	60	17%	KRIJNEN 1987

Tabelle 2. Fortpflanzungsdaten zu *Corytophanes cristatus*.

5.2.2. *Corytophanes hernandezii* (Wiegmann 1831)

1831 *Chamaeleopsis Hernandesii* Wieg-
    mann, in Gray, Synopsis Species
    Class Reptilia, in Griffith, Cuviers
    Animal Kingdom 9: 45; terra typica:
    Mexiko; terra typica restricta:
    Jalapa, Veracruz, Mexiko (Smith &
    Taylor 1950: Bull. U.S. Natl. Mus.
    99: 69).
1837 *Corytophanes chamaeleopsis* Duméril
    & Bibron (Ersatzname für *Chamae
    leopsis Hernandesii* Wiegmann), Erp.
    Gén. 4: 175.
1874 *Corytophanes mexicanus* Bocourt
    (Ersatzname für *Chamaeleopsis
    Hernandesii* Wiegmann), Miss. Sci.
    Mex., Rept.: 122.

Beschreibung

Auch *Corytophanes hernandezii* hat einen seitlich abgeflachten Körper und schlanke Extremitäten. Die KRL der erwachsenen Tiere beträgt etwa 10 cm und der Schwanz ist etwa 2,5 mal so lang wie die KRL. Eine große Stachelschuppe befindet sich in der Schläfenregion. Der Kopfhelm ist deutlich ausgeprägt, trägt aber im Nackenbereich keinen Kamm. Der deutlich ausgeprägte Rückenkamm setzt sich bis auf die Schwanzbasis fort. Die seitlichen Körperschuppen sind glatt und kaum überlappend. Die Grundfarbe des Rückens ist oliv- bis rostbraun, manchmal mit grünlichen oder rötlichen Schattierungen und mit unregelmäßig verteilten dunkelbraunen Flecken und Punkten. Eine dunkelbraune bis schwarze seitliche Kopfbinde zieht von der Stirnregion bis hinter die äußere Ohröffnung und setzt sich scharf von der weiß gefärbten Maulregion ab. Die Körperunterseite ist weitgehend einfarbig grau.

Die Jungtiere haben eine graubraune Grundfärbung und zeigen je einen dunklen Fleck an der seitlichen Brust, zwei bis vier weiße Lippenschilde sowie Querbänder auf Unterschenkel und Schwanz (Pérez-Higareda 1981). Perez-Higareda

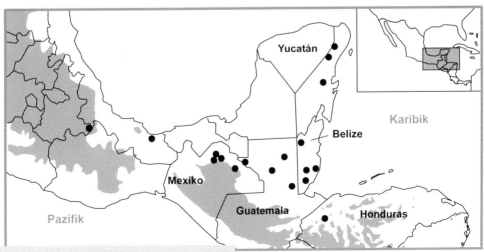

Abb. 79. Verbreitung von *C. hernandezii*.

(1980) entdeckte in Veracruz, Mexico ein albinotisches junges Männchen (KRL 100 mm).

Abb. 80 (links). Weibchen von *Corytophanes hernandezii*.

Abb. 81 (rechts). Jungtier beim Schlupf (*C. hernandezii*).

Fotos: R. Poloucék

Verbreitung

C. hernandezii kommt von Zentral-Veracruz, Mexiko, entlang der Basis der Yucatán-Halbinsel bis ins nordwestliche Honduras vor (LANG 1989, VILLA et al. 1988, LEE 1996, McCRANIE & ESPINAL 1998). Dort bewohnt die Art Regen- und Trockenwälder von Meereshöhe bis etwa 1000 m NN. Die Art ist offensichtlich toleranter gegenüber trokkenen Verhältnissen als *C. cristatus*, der auf Regenwaldgebiete beschränkt ist.

Freilandbeobachtungen

Auf der Yucatán-Halbinsel ist *Corytophanes hernandezii* nicht häufig oder wird zumindest nur selten entdeckt (LEE 1996). Die Tiere sitzen meist unauffällig und unbeweglich an Lianen, Büschen und senkrechten Stämmen. Sie ernähren sich überwiegend von Insekten, die sie als Lauerjäger erbeuten.

C. hernandezii pflanzt sich ovipar fort, wobei die Weibchen 3-7 Eier pro Gelege absetzen (PÉREZ-HIGAREDA 1981, ALVAREZ DEL TORO 1983). PÉREZ-HIGAREDA (1981) beobachtete am 10. Sept. 1980 ein Weichen bei der Eiablage. Das grub aber keine Höhle, sondern legte die Eier auf den Waldboden nahe eines Baumes ab. Anschließend verdeckte es das Gelege mit welken Blättern, wobei es den Kopf und den seitlichen Körper einsetzte. Die sieben Eier (30x20 mm, 15 g) wurden von PÉREZ-HIGAREDA bei 22-30°C in feuchtem Sand inkubiert und am 16. November (nach 67 Tagen Inkubationsdauer) schlüpften die ersten beiden, innerhalb der folgenden drei Tage die übrigen Jungtiere. Ein anderes Weibchen hatte 1979 Mitte September 5 Eier gelegt, die aber Pilzbefall entwickelten und verdarben (PÉREZ-HIGAREDA 1981). In El Petén, Guatemala, fing STUART (1935, 1958) je ein frisch geschlüpftes Jungtier Mitte März und Ende Mai. Die frisch geschlüpften Jungtiere haben eine durchschnittliche KRL von 35 mm bei einer Schwanzlänge von 55 mm (PÉREZ-HIGAREDA 1981). Somit fällt die Eiablage in die regenreichsten Monate des Jahres, während die Jungtiere noch während der Regenzeit schlüpfen (während der kältesten Monate des Jahres; PÉREZ-HIGAREDA 1981). Vermutlich produziert die Art mehrere Gelege während einer mehrmonatigen Fortpflanzungsperiode.

Pflege und Zucht

Corytophanes hernandezii wird in einem reichlich bepflanzten Regenwaldterrarium (Lufttemperatur tagsüber 30-33°C, nachts 23-25°C; Luftfeuchte 70-100%) gepflegt. Es ist wichtig, daß zahlreiche senkrechte Äste angeboten werden.

Ein Weibchen von *C. hernandezii* setzte am 18. Mai im Terrarium ein Gelege mit fünf Eiern ab (Eigröße 21-23 mm x 12-14 mm), aus denen nach 38-39 Tagen die Jungtiere schlüpften (POLOUCEK 1997).

5.2.3. *Corytophanes percarinatus* DUMÉRIL 1856

1856 *Corytophanes percarinatus* DUMÉRIL, Arch. Mus. Hist. Nat. Paris 8: 518; terra typica: "Ascuintla, dans l´Amer. centrale" (= Escuintla, Guatemala).

Beschreibung

Wie alle Helmleguane hat auch *Corytophanes percarinatus* einen seitlich abgeflachten Körper und einen Kopfhelm. Die Kopfschuppen sind deutlich gekielt und über der äußeren Ohröffnung befindet sich ein kräftiger knochengestützter Stachel.

Während der Rücken olivbraun mit graubraunen Querbändern ist,

Abb. 82. Männchen von *C. percarinatus* in El Imposible, El Salvador.

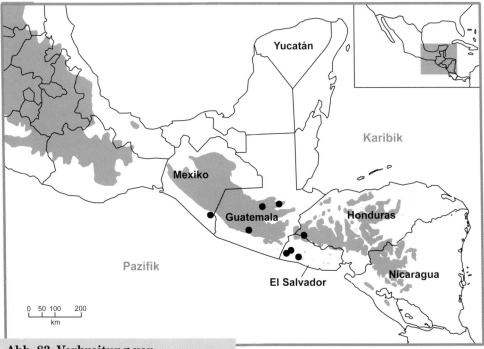

Abb. 83. Verbreitung von
Corytophanes percarinatus.

sind an der seitlichen Brust gelblich
olivgrüne Schattierungen vorhanden. Das Trommelfell ist grün und
die kleine Kehlfahne gelboliv
gefärbt mit graubraunen Schuppen.
Die Bauchseite ist grau mit dunklen
graubraunen Flecken.

Die Jungtiere sind sehr lebhaft
gezeichnet mit grauen Balken
unterhalb der Augen und zwischen
den Nasenlöchern, die sich deutlich
von der graubraunen Grundfärbung
abheben. Ein schwarzer Schulter-
fleck und ein schwarzer Querstreifen befinden sich im dorsalen
Beckenbereich. Die Schwanzbasis
ist auffallend heller als der Körper,
während der übrige Schwanz dun-
kelgraue Querbänder aufweist.

Verbreitung

Corytophanes percarinatus ist
vom Isthmus von Tehuantepec,
Mexiko, entlang der Pazifikküste bis
nach El Salvador und ins südwestli-
che Honduras verbreitet. Erst in
jüngster Zeit wurde die Art in
Honduras (Cerro El Pital, Depar-
tamento de Ocotepeque) nachgewiesen (MCCRANIE & WILSON 1998).

Freilandbeobachtungen

Im Gegensatz zu den anderen
beiden Arten der Gattung ist *C. percarinatus* ein Hochlandbewohner,
der nur oberhalb von 700 m NN bis
etwa 1500 m NN vorkommt. Ich
habe die Art im westlichen El
Salvador im Saisonregenwald beobachten können. Die Tiere sind

schwer zu entdecken, da sie unbeweglich an dünnen Stämmen sitzen, meist in 1-2 m über dem Erdboden. STUART (1948) berichtet, daß *C. percarinatus* im lichten Kiefernwald an manchen Standorten in Alta Verapaz, Guatemala verhältnismäßig häufig ist.

Als Anpassung an das kühlere Klima im Hochland ist die lebendgebärende Fortpflanzungsweise von *C. percarinatus* zu werten. Nach den Untersuchungen von MCCOY (1968b) beginnt der Ovarialzyklus Ende Juli bis Anfang August mit dem Heranreifen von Follikeln. Die Ovulation findet dann im November statt.

Alle im Dezember untersuchten Weibchen hatten Follikel (14 mm Durchmesser) im Eileiter, jedoch noch ohne erkennbare Embryonen. Ein am 14. Juni gesammeltes Tier hatte 7 nahezu voll entwickelte Feten in den Eileitern, die in ihrer zusammengerollten Stellung einen Durchmesser von 28 mm aufwiesen. Vier weitere Weibchen, die zwischen Ende Mai und Ende Juni gefangen worden waren, hatten offensichtlich gerade geboren. Ein Weibchen von *C. percarinatus* (Sammlung des Museums von San Salvador), das im Westen El Salvadors gesammelt worden war, hatte sechs weit entwickelte Feten in den Eileitern (KÖHLER unveröff.). Es wird angenommen, daß die Geburtsperiode mindestens von Mitte Mai bis Mitte Juni reicht. Die Wurfgröße schwankt zwischen drei und zehn Jungtieren (MCCOY 1968b).

Bei der Geburt messen die Jungtiere etwa 30 mm KRL. Sie wachsen verhältnismäßig schnell und können nach vier Monaten 48 mm KRL und nach sieben Monaten 47-57 mm KRL erreichen (MCCOY 1968b). Die Weibchen erreichen die Geschlechtsreife frühestens im zweiten Sommer nach der Geburt. Die bisherigen Kenntnisse sprechen für einen streng einjährigen Reproduktionszyklus bei *C. percarinatus* .

Pflege

Entsprechend seines Lebensraumes im Hochland darf *C. percarinatus* nicht zu warm und trocken gepflegt werden. Die Tagestemperaturen sollten bei durchweg hoher relativer Luftfeuchtigkeit (80-100%) zwischen 20 und 25 °C liegen und nachts auf Werte zwischen 15 und 20 °C sinken.

Sollten die Tiere schlecht ans Futter gehen, müssen sie zum Fressen genötigt werden, indem man ihnen ein Futtertier zwischen die Kiefer schiebt. Wenn die Grille oder die Heuschrecke einmal im Maul der Echse ist, wird sie bereitwillig gekaut und abgeschluckt (KÖHLER unveröff.).

6. Kronenbasilisken (*Laemanctus*)

Kronenbasilisken sind tagaktive Baumbewohner, die an das Leben in den Bäumen hervorragend angepaßt sind und diese nur zur Eiablage verlassen. Entsprechend sind sie im Grün der Blätter für den menschlichen Beobachter schwer zu entdecken.

Der Gattungsname *Laemanctus* stammt aus dem Griechischen und ist von den Wörtern "laimos" ("Hals") und "ankho" ("festdrücken") abgeleitet, bezugnehmend auf die Form der Zahnkronen dieser Tiere (LANG 1989, LEE 1996). Die englische Bezeichnung für Kronenbasilisken ist "Casque-headed iguana". Weiterhin kennen wir folgende Lokalnamen für die beiden *Laemanctus*-Arten: für *L. longipes* "lemacto coludo" (Mexiko) und "xuxup torok" (Lacandón Maya). Für *L. serratus* "lagartija de casco" (Mexiko), "lemacto coronado" (Mexiko) und "yaxtoloc" (Yucatec Maya) (LEE 1996).

6.1. Pflege im Terrarium

Für die Pflege von Kronenbasilisken eignet sich ein geräumiges Regenwaldterrarium, wobei als Mindestgröße für ein Paar oder ein Männchen und zwei Weibchen 130x 80x150cm (LBH) anzusehen sind. Das Terrarium muß mit vielen Klettermöglichkeiten in Form von knorrigen Ästen, Wurzeln und Pflanzen ausgestattet sein. Unbedingt sollte mindestens die Rückwand, eventuell auch eine Seitenwand mit Kork oder Torfplatten verkleidet sein.

Die **Lufttemperaturen** sollten tagsüber bei *Laemanctus longipes* (v.a. Regenwaldbewohner) 30-33 °C und bei *L. serratus* (v.a. Trockenwaldbewohner) 32-35 °C betragen. Bei beiden Arten sind Sonnenplätze mit lokalen Temperaturen von 35-38 °C notwendig. Die relative **Luftfeuchtigkeit** sollte durchweg sehr hoch sein (tagsüber 70-80%, nachts 90-100%). Morgens werden Tiere und Pflanzen besprüht.

Dreimalige **Fütterung** pro Woche mit verschiedenen Insekten-

Abb. 84. Juvenile *Laemanctus longipes* im Terrarium. Foto: F. Riedel

arten (Wachsmotten, Schaben, Grillen, Schmeißfliegen, Heuschrecken, Zophobas und Mehlwürmer) ist ausreichend. Fliegende Beutetiere werden gegenüber Laufinsekten deutlich bevorzugt. Alle Futtertiere werden mit einem Vitamin-Mineralstoffpräparat (z.B. Korvimin ZVT) bestäubt. Zusätzlich sollten die Tiere einmal wöchentlich mit Vitaminen (A-D-E-Mulsin, Multi-Mulsin mit Calcium-Frubiase) präparierte Insekten erhalten.

Laemanctus sind sehr ruhige Zeitgenossen, für die eine Vergesellschaftung mit sehr lebhaften Tieren Streß bedeutet. Als Ansitzjäger würden sie bei Vergesellschaftung mit aktiveren Arten verhungern. Eine gemeinsame Haltung von Helmleguanen und Kronenbasilisken ist hingegen möglich.

6.2. Die Kronenbasiliskenarten

Nach dem heutigen Kenntnisstand gibt es zwei Kronenbasiliskenarten, bei denen jeweils drei Unterarten unterschieden werden (McCoy1968a, LANG 1989a):

Laemanctus longipes (*L. l. longipes, L. l. deborrei, L. l. waltersi*) und *L. serratus* (*L. s. serratus, L. s. alticoronatus, L. s. mccoyi*). Allerdings finden sich in der Literatur Widersprüche bezüglich der Verbreitungsgebiete der Unterarten von *Laemanctus longipes* (McCoy 1968a versus LANG 1989a).

Abb. 85. *Laemanctus serratus* (Exotarium, Zoo Frankfurt).

Bestimmungsschlüssel für die Arten der Gattung *Laemanctus*

1a Hinterhaupt mit Stachelschuppen; deutlicher Rückenkamm vorhanden, Schuppen auf Schnauzenoberseite groß und regelmäßig .... *Laemanctus serratus*

b Hinterhaupt ohne Stachelschuppen; kein deutlicher Rückenkamm vorhanden; Schuppen auf Schnauzenoberseite klein und unregelmäßig .... *Laemanctus longipes*

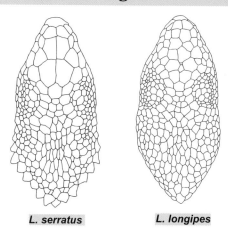

Abb. 86. Beschuppung der Kopfoberseite.

L. serratus   L. longipes

6.2.1. *Laemanctus longipes* WIEGMANN 1834

1834 *Laemanctus longipes* WIEGMANN, Herpetologica Mexicana: 46; terra typica: Jalapa, Mexico.

Unterarten: Nach LANG (1989a) werden bei *Laemanctus longipes* drei Unterarten unterschieden: *Laemanctus l. longipes*, *Laemanctus l. deborrei* und *Laemanctus l. waltersi*.

Bestimmungsschlüssel für die Unterarten von *Laemanctus longipes*

1a Schuppen um Körpermitte mehr als 34; eine vollständige Kehlfalte vorhanden, die aus 3-5 Reihen von Körnerschuppen besteht **2**

b Schuppen um Körpermitte 30-32 (im Mittel 31); Kehlfalte fehlt oder ist nicht vollständig .... *Laemanctus longipes waltersi*

2a Schuppen um Körpermitte 34-49 (im Mittel 44); alle Schuppen auf der Kopfoberseite etwa gleich groß .... *Laemanctus longipes deborrei*

b Schuppen um Körpermitte 50-59 (im Mittel 55); vordere dorsale Kopfschuppen größer als hintere dorsale Kopfschuppen .... *Laemanctus longipes longipes*

Laemanctus longipes deborrei
1877 *Laemanctus de Borrei* BOULENGER, Bull. Soc. Zool. France 2: 464; terra typica: Tabasco, Mexico.

Laemanctus longipes waltersi
1933 *Laemanctus waltersi* SCHMIDT, Zool. Ser. Field Mus. Nat. Hist. 20: 20; terra typica: Lake Ticamaya, Honduras.

Beschreibung

Erwachsene *Laemanctus longipes* weisen eine KRL von 125-130 mm (Maximum 150 mm) auf, wobei die Schwanzlänge etwa 3,5 mal so lang wie die KRL ist (AHL 1930, LEE 1996). Die Tiere weisen einen seitlich leicht abgeflachten Körper und extrem lange schlanke Gliedmaßen auf. Die dorsale Kopfansicht entspricht fast einer Raute, während der Kopf seitlich gesehen einem Keil gleicht. Der Hinterkopf trägt einen kräftigen Helm, der einen glatten

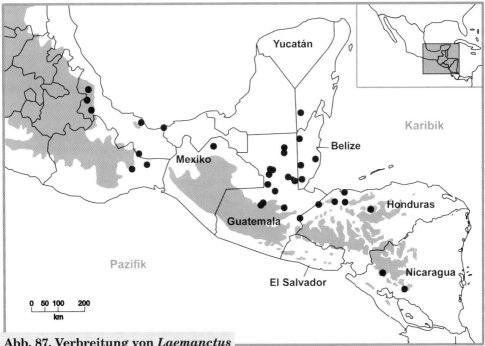

Abb. 87. Verbreitung von *Laemanctus longipes*.

Rand hat (s. Abb. 86). Alle Körperschuppen sind überlappend und stark gekielt. Ein Rückenkamm ist nicht ausgebildet.

Der seitliche Kopf ist leuchtend grün, während die Kopfoberseite gelbgrün ist. Die Färbung des Kopfes ist bräunlich-grün, und der hintere Rand des Helmes, der über dem Genick spitz zuläuft, ist dunkelbraun oder schwarz eingerahmt. Vom Auge über das Trommelfell zum Hals verläuft ein dunkel- bis gelblichbrauner Streifen. Die Iris ist orange bis gelblichbraun. Der Körper ist überwiegend grün gefärbt mit dunkelgrünen bis braunen Querstreifen. Der Schwanz ist hell- und dunkelbraun gebändert.

Verbreitung

Laemanctus longipes ist von Zentral-Veracruz, Mexiko, auf der Karibikseite und vom Isthmus de Tehuantepec auf der Pazifikküste bis nach Zentral-Nicaragua verbreitet (LEE 1996, LANG 1989a).

Freilandbeobachtungen

Der Lebensraum von *Laemanctus longipes* ist der tropische Tieflandregenwald, wo er sich in Büschen und Bäumen aufhält. Die ruhigen Tiere verlassen sich ganz auf ihre Tarnung, um Beutegreifern zu entgehen.

Laemanctus longipes pflanzt sich ovipar fort. McCARTHY (1982) fing am 2. August 1974 in Belize ein Weibchen (140 mm KRL, 534 mm Schwanzlänge) dieser Art, das einen

79

Abb. 88. Paarungsversuch von *Laemanctus longipes* im Terrarium.
Foto: F. Riedel

und Schlupf bei *Laemanctus longipes* während der Regenzeit stattfinden.

Zucht

Eiablagen wurden unter Terrarienbedingungen in den Monaten Juli und Oktober beobachtet (KORT 1988, FURTWÄNGLER 1995). Die Gelegegröße variiert zwischen drei und fünf Eiern, die unmittelbar nach der Ablage 20-28 mm x 10-15 mm messen. Bei 28,5-29 °C (Inkubationssubstrat: "krümelig feuchtes" Vermiculite) schlüpften die Jungtiere nach

Tag später ein Gelege mit 5 Eiern absetzte. Die Eier maßen 24,6-26,4 mm x 14,1-14,4 mm bei einer Masse von 2,3-2,5 g. DUELLMAN (1968) fand am 26. Juni in El Petén, Guatemala, ein Weibchen, das vier Eier enthielt. Weiterhin entdeckte er am 30. Juni unter einem morschen Baumstamm ein Gelege mit fünf Eiern (durchschnittliche Länge 24,2 mm), aus denen am 30. August Jungtiere schlüpften. Die Schlüpflinge wiesen eine durchschnittliche KRL von 44 mm bei einer Schwanzlänge von 138 mm auf. Die bisherigen Freilanddaten sprechen dafür, daß Eiablage

einer Inkubationsdauer von 64 Tagen (FURTWÄNGLER 1995). Die frisch geschlüpften Kronenbasilisken wiesen eine KRL von etwa 50 mm bei einer Schwanzlänge von 170 mm auf. Die erste Futteraufnahme wurde drei bis vier Tage nach dem Schlupf beobachtet (FURTWÄNGLER 1995).

6.2.2. *Laemanctus serratus* COPE 1864

1864 *Laemanctus serratus* COPE, Proc. Acad. Nat. Sci. Philadelphia 16: 176; terra typica: Orizaba Valley, Mexico.

Unterarten: Nach LANG (1989a) werden bei *Laemanctus serratus* drei Unterarten unterschieden: *Laemanctus s. serratus*, *Laemanctus s. alticoronatus* und *Laemanctus s. mccoyi*.

Bestimmungsschlüssel für die Unterarten von *Laemanctus serratus*

1a   29-34 (im Mittel 33) Lamellen unter der 4. Zehe .... **L. serratus mccoyi**

b   34-42 (im Mittel 37) Lamellen unter der 4. Zehe **2**

2a   51-65 (im Mittel 59) Schuppen um Körpermitte; 35-41 (im Mittel 38) Lamellen unter der 4. Zehe; in der Regel mehr als 22 Dornenschuppen am Kopfhelm ... **L. serratus serratus**

b   49-62 (im Mittel 53) Schuppen um Körpermitte; 34-43 (im Mittel 36) Lamellen unter der 4. Zehe; in der Regel weniger als 22 Dornenschuppen am Kopfhelm .... **L. serratus alticoronatus**

Abb. 89 (links). *Laemanctus serratus* (Exotarium, Zoo Frankfurt).

***Laemanctus serratus alticoronatus* COPE 1864**

1864 *Laemanctus alticoronatus* COPE, Proc. Acad. Nat. Sci. Philadelphia 17: 192; terra typica: Near Mérida, Yucatán, Mexico.

***Laemanctus serratus mccoyi* PÉREZ-HIGAREDA & VOGT 1985**

1985 *Laemanctus serratus mccoyi* PÉREZ-HIGAREDA & VOGT, Bull. Maryland Herp. Soc. 21 (4): 140; terra typica: El Acuyal, municipality of Catemaco, Veracruz, Mexico.

Beschreibung

Erwachsene Exemplare von *Laemanctus serratus* haben eine KRL von 120-130 mm, in Ausnahmefällen bis 190 mm (AHL 1930). Der Körper ist seitlich etwas abgeflacht, der Schwanz ist etwa 3,5 mal so lang wie die KRL. Beine und Zehen sind schlank und lang. Der relativ breite Kopf ist deutlich vom Hals abgesetzt. Die Kopfoberseite ist flach und nach hinten zu einem Helm verlängert, der einen auffallenden Dornenrand aufweist. Alle Körperschuppen sind überlappend und stark gekielt. Die mittlere Rückenschuppenreihe ist zu einem niedrigen Kamm vergrößert. Die Färbung ist variabel und die Tiere sind zu einem raschen stimmungs-

81

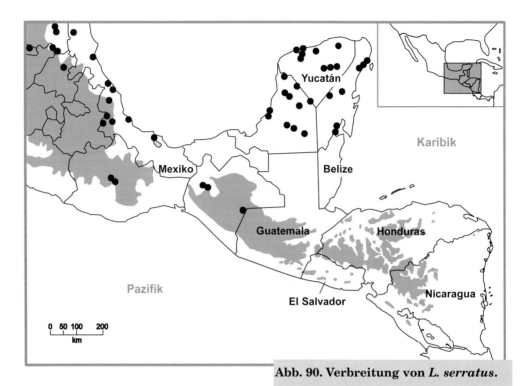

Abb. 90. Verbreitung von *L. serratus*.

abhängigen Farbwechsel von grün nach braun befähigt. In der grünen Phase weisen sie auf grüner Grundfarbe vier bis sechs (meist fünf) dunkelbraune Querbinden auf. Die Binden sind in Rückenmitte am deutlichsten, während sie an den Körperseiten die Tendenz zur Auflösung haben. Auch die Oberseite der Beine und des Schwanzes ist deutlich gebändert. In der braunen Phase ist die Grundfarbe gelblichbraun bis cremefarben. Die meisten Exemplare zeigen einen deutlichen hellen Fleck oberhalb des Schultergelenks. Ein heller Längsstreifen verläuft seitlich entlang des Körpers bis zur Leistengegend. Der Kopf ist gelblichgrün bis cremefarben mit dunkelbraunen Flecken auf der Ober-

lippe. Ein weißer Streifen zieht von unterhalb des Auges bis auf den seitlichen Hals.

Verbreitung

Das Verbreitungsgebiet von *Laemanctus serratus* reicht vom südlichen Tamaulipas, Mexiko, auf der Karibikseite und von Oaxaca, Mexiko, auf der Pazifikseite bis ins nordwestliche Honduras.

Freilandbeobachtungen

Das Vorkommen von *Laemanctus serratus* scheint eng mit dem Vorhandensein etwas trockenerer tropischer Wälder korreliert zu sein (LANG 1989a). Auf der Yucatán-Halbinsel ist die Art am häufigsten in den dornigen Trockenwäldern zu finden, wo sie sich auf Büschen sowie an Baumstämmen und Lianen ein bis zwei Meter über dem Erdboden aufhält (LEE 1996). Es sind typische Ansitzjäger, die sich auf ihre Tarnung verlassen. Das Nahrungsspektrum umfaßt neben Insekten und Spinnen auch Schnecken und kleine Wirbeltiere wie Anolis und Frösche (MARTIN 1958, PÉREZ-HIGAREDA & VOGT 1985).

Auch *L. serratus* pflanzt sich eierlegend fort, wobei in Mexiko bisher Eiablagen in den Monaten Mai bis Juli festgestellt wurden (MARTIN 1958, ALVAREZ DEL TORO 1983, PÉREZ-HIGAREDA & VOGT 1985, LEE 1996). Nach den Beobachtungen von ALVAREZ DEL TORO (1983) vergraben die Weibchen ihre Gelege bevorzugt im Wurzelbereich von Bäumen. Die Gelege werden nur oberflächlich vergraben und mit einer lockeren Schicht aus welken Blättern und Humus abgedeckt. Die Gelegegröße variiert zwischen drei und sieben Eiern (MCCOY 1968, ALVAREZ DEL TORO 1983, PÉREZ-HIGAREDA & VOGT 1985, LEE 1996). Die Jungtiere schlüpfen in Mexiko in den Monaten August und September (MARTIN 1958, PÉREZ-HIGAREDA & VOGT 1985). Unmittelbar nach dem Schlupf weisen sie eine KRL von durchschnittlich 40 mm bei einer Schwanzlänge von 80 mm auf (PÉREZ-HIGAREDA & VOGT 1985).

Pflege und Zucht

Die folgenden Angaben beziehen sich auf die Zuchterfahrungen von M. VESELY sowie auf die im Exotarium des Zoologischen Garten Frankfurt seit 1983 gepflegten und gezüchteten *Laemanctus serratus* (VOGEL 1992, R. WICKER schriftl. Mitt. 1999). Im Exotarium werden die Tiere in einem Terrarium mit den Maßen 200x200x170 cm (LBH) gepflegt, das mit einer Torfziegelrückwand, Kletterbäumen, einem großen Wasserbecken und üppiger Bepflanzung ausgestattet ist (Abb. 85, S. 77). Die Beheizung erfolgt mit der Hilfe mehrerer Heizkabel. Zwei Halogenstrahler (á 500W) und mehrere Leuchtstoffröhren sorgen für die notwendige Helligkeit. Zweimal täglich brennt für 30 Minuten ein Osram-Ultravitalux-Strahler (300W).

Eiablagen wurden bislang in den Monaten Juni bis Oktober festgestellt, wobei jedes Weibchen jährlich zwei Gelege (seltener auch nur eines) mit jeweils 4-11 (meistens 6-7) Eiern absetzt. Die befruchteten Eier weisen unmittelbar nach der Ablage eine Länge von 18,0-20,1 mm bei einer Breite von 11,2-12,0 mm auf und haben eine deutlich sichtbare, rosafarbene Keimscheibe, die mit einem Durchmesser von ca. 10 mm sehr groß ist. Im Laufe der Inkubation nehmen die Eier an Größe zu und erreichen kurz vor dem Schlupf eine Länge von 23,8-25,0 mm bei einer Breite von 17,9-18,8 mm. Bei einer Inkubationstemperatur von 26-30°C schlüpfen die Jungtiere nach 48-61 Tagen. Die frisch geschlüpften Jungtiere haben eine KRL von 34-41 mm bei einer Schwanzlänge von 80-89 mm und einer Masse von 1,6 g (VOGEL 1992, M. VESELY schriftl. Mitt. 1999, R. WICKER schriftl. Mitt. 1999).

7. Literaturverzeichnis

AHL, E. (1930): Reptilia (Kriechtiere). - Tabulae Biologicae 6: 625-715.

ALLEE, W.C. & K.P. SCHMIDT (1952): Ecological animal geography, 2nd edition. - New York (Wiley), 715 S.

ALLEN, M.E. & O.T. OFTEDAL (1989): Dietary manipulation of the calcium content of feed crickets. - J. Zoo Wildl. Med. 20 (1): 26-33.

ALVAREZ DEL TORO, M. (1983 ["1982"]): Los Reptiles de Chiapas. 3rd ed. - Mexico, Tuxtla Gutiérrez, 148 S.

ALVAREZ DEL TORO, M. & H.M. SMITH (1956): Notulae Herpetologicae Chiapasiae I. - Herpetologica 12: 3-17.

ANDREWS, R.M. (1971): Food resource utilisation in some tropical lizards. - Diss. Abstr. 32 B: 2651.

ANDREWS, R.M. (1979): The lizard *Corytophanes cristatus*: an extreme "sit-and-wait" predator. - Biotropica 11 (2): 136-139.

ANDREWS, R.M. (1983): *Norops polylepis*. S. 409-410 In: JANZEN, D. H. (Hrsg.): Costa Rican Natural History. - Univ. Chicago Press (Chicago), 816 S.

ASHTON, R.E. & P.S. ASHTON (1991): Handbook of reptiles and amphibians of Florida. Part Two: Lizards, turtles & crocodylians, 2nd edition. - Windward Publ.: 191 S.

BANKS, C.B. (1983): Breeding and growth of the plurned basilisk (*Basiliscus plumifrons*) at Royal Melbourne Zoo. - Bull. Brit. Herpetol. Soc. 8: 26-30.

BARBOUR, T. (1923): Notes on reptiles and amphibians from Panama. - Occ. Pap. Mus. Zool. Univ. Michigan 129: 1-16.

BARDEN, A. (1943a): Food of the basilisk lizard in Panama. - Copeia 1943: 118-121.

BARDEN, A. (1943b): Notes on the basilisk at Barro Colorado Island, Canal Zone. - Ecology 24 (3): 407-408.

BELLAIRS, A.D´A (1969): The life of reptiles. Vol. 1. - Weidenfeld and Nicholson, 282 S.

BENNETT, C.F. (1962): The Bayano Cuna indians of Panama, an ecological study of livelihood and diet. - An. Assoc. Amer. Geog. 52: 32-50.

BLAKE, E. (1988): Difficulties associated with breeding and rearing lizards at Edinburgh Zoo. - Proc. Symp. Assoc. Brit. Wild Anim. Keep. 13: 8-12.

BLAKE, E. & G. STEWART (1980): Maintenance and breeding of banded basilisk (*Basiliscus vittatus*). - Annual Rep. R. Zool. Soc. Scotl. 68: 21-24.

BLODY, D.A. (1983): Life history notes. *Laemanctus longipes* (casque-headed lizard). Reproduction. - Herp. Review 14 (3): 74.

BLOXAM, Q. & S. TONGE (1980): Breeding and maintenance of the plumed basilisk, *Basiliscus plumifrons* at the Jersey Wildlife Preservation Trust. - Dodo 17: 88-96.

BLUMBERG, A. (1976): Der Streifenbasilisk. - Aquarienmagazin 10 (11): 469.

BOCK, B.C. (1987): Life history notes, *Corytophanes cristatus*, Nesting. - Herp. Review 18 (2): 35.

BÖHME, W. (1975): Indizien für natürliche Parthenogenese beim Helmbasilisken, *Basiliscus basiliscus* (Linnaeus 1758) (Sauria: Iguanidae). - Salamandra 11 (2): 77-83.

BÖHME, W. (1990): Buchbesprechung. - Zschr. zool. Syst. Evol.forsch. 28 (4): 315-316.

BOULENGER, G.A. (1885): Catalogue of the lizards in the British Museum (Natural History). 2. Auflage. Vol. 2. - London (Taylor & Francis), 497 S.

BRATTSTROM, B.H. & N.B. ADIS (1952): Notes on a collection of reptiles and amphibians from Oaxaca, Mexico. - Herpetologica 8: 59-60.

BRATTSTROM, B.H. & T.R. HOWELL (1954): Notes on some collections of reptiles and amphibians from Nicaragua. - Herpetologiea 10: 114-123.

BRATTSTROM, B.H. (1965): Body temperature of reptiles. - Am. Midl. Nat. 73 (2): 376-442.

BUELENS, L. (1974a): Basilisken en het terrarium. - Terra 10: 45-46.

BUELENS, L. (1974b): Waarnemingen bij het kweken van helmbasilisken. - Terra 10: 13-18.

BURGESS, T. & J BURGESS (1988): The keeping of

basilisks in captivity. - Thames Chiltern Herpetol. Group Newsl. 84: 6-7.

CANSECO MARQUEZ,-L. & Q. GUTIERREZ MAYEN (1998): *Laemanctus serratus serratus* (serrated casquehead iguana). - Herp. Review 29 (1): 51.

CLAASSEN, L. (1964): De helmbasilisk *Basiliscus basiliscus*. - Lacerta 22: 67-68.

CLAESSEN, H. (1979): Mechanisms and applied aspects of the development of lizards (*Basiliscus basiliscus*) eggs. - J. Chamaeleon Res. Cent. 2: 57-69.

CONANT, R. (1951): Collecting lizards at night under bridges. - Copeia 1951: 79-80.

CONANT, R. & A. DOWNS jr. (1940): Miscellaneous notes on the eggs and young of reptiles. - Zoologica 25 (1): 33-48.

CONANT, R. & R.J. HUDSON (1949): Longevity records for reptiles and amphibians in the Philadelphia Zoological Garden. - Herpetologica 5: 1.

COPE, E.D. (1876): On the Batrachia and Reptilia of Costa Rica. - J. Acad. Nat. Sci. Philiadelphia, Ser. 2, 8: 93-157.

COPE, E.D. (1900): The crocodilians, lizards and snakes of North America. - Ann. Report U.S. Natl. Mus. 1898: 153-1270.

COVER, J.F. jr. (1986) Life history notes. Sauria. *Basiliscus plumifrons* (crested green basilisk lizard) - Herp. Review 17 (1): 19.

CRAWFORD, E.C. jr., J. PALOMEQUE & B.J. BARBER (1977): A physiological basis for head-body temperature differences in a panting lizard. - Comp. Biochem. Physiol. (A) 56 (2):161-163.

DOLLAHON, N.R. & J. JANOVY (1971): Insect flagellates from feces and gut contents of four genera of lizards. - J. Parasitol. 57 (5): 1130-1132.

DUELLMAN, W.E. (1961): The amphibians and reptiles of Michoacán, Mexico. - Univ. Kansas Publ. Mus. Nat. Hist. 15 (1): 1-148.

DUELLMAN, W.E. (1963): Amphibians and reptiles of the rainforests of southern El Petén, Guatemala. - Univ. Kansas Publ. Mus. Nat. Hist. 15 (5): 205-249.

DUELLMANN, W.E. (1965a): Amphibians and reptiles from the Yucatan Peninsula, Mexico. - Univ. Kans. Publs. Mus. Nat. Hist. 15: 577-614.

DUELLMAN, W.E. (1965b): A biogeographic account of the herpetofauna of Michoacán, Mexico. Univ. Kansas Publ. Mus. Nat. Hist. 15 (14): 627-709.

DUELLMAN, W.E. (1966): The central American herpetofauna: an ecological perspective. - Copeia 1966 (4): 700-719.

DUNDEE, H.A., D.A. WHITE & Y. RICO-GRAY (1986): Observations on the distribution and biology of some Yucatán Peninsula amphibians and reptiles. - Bull. Md. Herpet. Soc. 22 (2): 37-50.

ECHELLE, A.A. & A.F. ECHELLE (1972): Observations of fish-eating and maintenance behaviour in two species of *Basiliscus*. - Copeia 1972 (2): 387-389.

ENGELHARDT, M. (1991): Haltung und Zucht von *Basiliscus vittatus*. - IGUANA-Rundschreiben 1991 (2): 22-27.

ETHERIDGE, R.E. (1959): The relationships of the anoles (Reptilia: Sauria: Iguanidae), an interpretation based on skeletal morphology. - Ph.D. Dissertation. Univ. Michigan, 236 S.

EVANS, H.E. (1947): Notes on Panamanian reptiles and amphibians. - Copeia 1947: 166-170.

FERWEDA, W.H. (1993): De groene basilisk (*Basiliscus plumifrons*) en de Helmbasilisk (*B. basiliscus*) in Costa Rica - Lacerta 51 (6): 179-182.

FINK, H. (1931): Zuchterfolge bei *Basiliscus vittatus*. Aquarium, Berlin, 1931: 97-100.

FITCH, H.S. (1970): Reproductive cycles in lizards and snakes. - Misc. Publ. Mus. Nat. Hist. Univ. Kansas 52: 1-247.

FITCH, H.S. (1973a): A field study of Costa Rican lizards. - Univ. Kansas Sci. Bull. 50: 39-126.

FITCH, H.S. (1973b): Population structure and survivorship in some Costa Rican lizards. - Occ. Pap. Mus. Nat. Hist. Univ. Kansas 18: 1-41.

FLEET, R.R. & H.S. FITCH (1974): Food habits of *Basiliscus basiliscus* in Costa Rica.- J. Herpetol. 8 (3): 260-262.

FROST, D.R. & R. ETHERIDGE (1989): A phylogenetic analysis and taxonomy of iguanian lizards (Reptilia: Squamata). - Misc. Publ. Univ. Kansas Mus. Nat. Hist. 81: 1-65.

FURTWÄNGLER, S. (1995): Nachzucht bei *Laemanc-*

tus longipes. - IGUANA-Rundschreiben 8 (15): 39-41.

GAIGE, H.T, N. HARTWEG & L.C. STUART (1937): Notes on a collection of amphibians and reptiles from eastern Nicaragua. - Occ. Pap. Mus. Zool. Univ. Michigan 357: 1-18.

GEESING, R. (1962): Grotere leguanen. - Lacerta 20: 83-84.

GEHRMANN, W.H., G.W. FERGUSON, T.W. ODOM, D. T. ROBERTS & W J. BAREELLONA (1991): Early growth and bone mineralization of the iguanid lizard, *Sceloporus occidentalis* in captivity: Is vitamin D3 supplementation or ultraviolet B irradiation necessary? - Zoo Biology 10: 409-416.

GERICKE, F. (1983): *Corytophanes cristatus* (Merrem, 1820). Ein seltener Gast aus Mittelamarika. - Sauria 5 (1): 21-23.

GLANDER, K.E. (1979): Feeding associations between howling monkeys and basilisk lizards. Biotropica 11 (3): 235-236.

GLASHEEN, J.W. & T.A. McMAHON (1996a): A hydrodynamic model of locomotion in the basilisk lizard. - Nature, London, 380 (6572): 340-342.

GLASHEEN, J.W. & T.A. McMAHON (1996b): Size-dependence of water-running ability in basilisk lizards (*Basiliscus basiliscus*). - J. Exp. Biol. 199 (12): 2611-2618.

GRADSTEIN, S.R. & C. EQUIHUA (1995): An epizoic bryophyte and algae growing on the lizard *Corythophanes cristatus* in Mexican rain forest. - Biotropica 27 (2): 265-268.

GRIFFITH, E. & E. PIDGEON (1831): The Class Reptilia. - In: Cuvier, B. (Hrsg.): The Animal Kingdom: 1-481.

HALLINAN, T. (1920): Notes on the lizards of the Canal Zone, Isthmus of Panama. - Copeia 1920: 45-49.

HARTWEG, N. & J.A. OLIVER (1940): A contribution to the herpetology of the Isthmus of Tehuantepec. IV. An annotated list of the amphibians and reptiles collected on the Pacific slope during summer of 1936. - Misc. Publ. Misc. Publ. Mus. Zool. Univ. Michigan 47: 1-31.

HENDERSON, R.W. & L.G. HOEVERS (1975): A checklist and key to the amphibians and reptiles of Belize, Central America. - Milwaukee Publ. Mus. Contrib. Biol. Geol. 5: 1-63.

HIRSCHFELD, K. (1967): Zucht von Helmbasilisken (*Basiliscus basiliscus*) im Vivarium Kehl. - DATZ 20: 84-85.

HIRTH, H.F. (1962): Food of *Basiliscus plumifrons* on a tropical strand. - Herpetologica 18: 276-277.

HIRTH, H.F. (1963): The ecology of two lizards on a tropical beach. - Ecol. Monogr. 33: 83-112.

HIRTH, H.F. (1964): Temperature preferences of five species of neotropical lizards. - Herpetologica 20: 273-276.

HOUTMAN, H. (1987): De kweek met *Basiliscus plumifrons*, de groene basilisk. - Lacerta 45 (8): 114-118.

HUFENUS, M. (1956): Und es schlüpfte ein Basilisk. - Aquarien Terrarien 9 (6): 162-164.

JOHNSON, J.D. (1984): A biogeographic analysis of the herpetofauna of Northwestern Nuclear Central America. - Ph.D. thesis, Texas A&M Univ.: 127 S.

KOBER, I. (1998): Stirnlappenbasilisken im Terrarium. - Elaphe (N.F.): 6 (3): 9-14.

KÖHLER, G. (1989): Zur Desinfektion in Terrarien. - IGUANA Rundschreiben 2 (2/3): 7.

KÖHLER, G. (1990): Pflege und Nachzucht der Felsenschildechse *Gerrhosaurus validus* (Smith 1849). - Sauria 12 (4): 27-29.

KÖHLER, G. (1991): Freilandbeobachtungen an Iguaniden in Costa Rica. - IGUANA-Rundschreiben 1991 (2): 28-33.

KÖHLER, G. (1992): Die Bedeutung von *Entamoeba invadens* bei der Vergesellschaftung von Echsen oder Schlangen mit Schildkröten. - Sauria 14 (4): 31-34.

KÖHLER, G. (1993): *Basiliscus basiliscus* Linnaeus. - Amph./Rept.-Kartei, Beilage in Sauria, Berlin, 15 (1-4): 283-288.

KÖHLER, G. (1997): Inkubation von Reptilieneiern - Grundlagen, Anleitungen, Erfahrungen. - Offenbach (Herpeton Verlag), 205 S.

KÖHLER, G. (1998): Der Grüne Leguan. 3. Aufl. - Offenbach (Herpeton Verlag), 160 S.

KÖHLER, G., D. Rittmann & F. Ihringer (1994) Pflege und Zucht des Helmleguans *Corytophanes cristatus* (Merrem 1821). - IGUANA Rundschreiben 7 (13): 43-47.

KORT, J.K.(1988): De helmkopleguaan

(*Laemanctus longipes*) in het terrarium. - Lacerta 46 (12): 201-202.

KRIJNEN, H. (1987): Het houden en kweken van helmleguanen (*Corytophanes* cristaus). - Lacerta 45 (9): 140-141.

KRIPS, G.J. (1968): *Basiliscus basiliscus*. - Lacerta 27: 3.

LA MARCA, E. & J.E. GARCIA (1987): New herpetological records from the Sierra de Perija, Venezuela. - Herp. Review 18 (3): 57.

LA MARCA, E. & J.J. GARCIA MILANO (1994): *Basiliscus basiliscus barbouri*. - Herp. Review 25 (4): 164.

LA MARCA, E. & J.J. GARCIA MILANO (1995): *Basiliscus basiliscus barbouri* (basilisk). - Herp. Review 26 (2): 108.

LAERM, J. (1973): Aquatic bipedalism in the basilisk lizard: the analysis of an adaptive strategy. - Am. Midl. Nat. 89 (2): 314-333.

LAERM, J. (1974): A functional analysis of morphological Variation and differential niche utilization in basilisk lizards. - Ecology 55 (2): 404-411.

LANCIN, A.R.V. (1980): Lagartos de Venezuela. El Basilisco (*Basiliscus basiliscus barbouri*). - Natura, Venezuela 69: 18-19.

LANG, M. (1989a): Phylogenetic and biogeographic patterns of basiliscine iguanians (Reptilia: Sqamata: "Iguanidae"). - Bonn. Zool. Monogr. 28: 1-172.

LANG, M. (1989b): The morphology of the Oberhautchen with the description and distribution of scale organs in basiliscine iguanians. - Amphibia-Reptilia 10 (4): 423-434.

LANGHAMMER, P. (1983): Nachwuchs beim Streifenbasilisken, *Basiliscus vittatus*. - Das Aquarium 17 (164): 89-92.

LANKA, V. (1978): Bazilisci leguáni podceledi Basiliscinae. - Ziva 26 (4): 146-150.

LAZCANO-BARRERO, M.A. & E. GÓNGORA-ARONES (1993): Observation and review of the nesting and egg-laying of *Corytophanes cristatus* (Iguanidae). – Bull. Maryland Herpetol. Soc. 29: 67-75.

LAZELL, J.D. (1992): The familiy Iguanidae: Disagreement with Frost and Etheridge (1989). - Herpetol. Rev. 23 (4): 109-112.

LEE, J.C. (1980): An ecogeographic analysis of the herpetofauna of the Yucatán Peninsula. - Misc. Publ. Univ. Kansas Mus. Nat. Hist. 67: 1-75.

LEE, J.C. (1996): The amphibians and reptiles of the Yucatán Peninsula. - Ithaca & London (Cornell Univ. Press), 500 S.

LIEBERMAN, A. (1980): Nesting of' the basilisk lizard (*Basiliscus basiliscus*). - J. Herpetol. 14 (1): 103-105.

LINDQUIST, C. (1994): [Keeping and breeding *Basiliscus plumifrons*]. - Nordisk Herpetologisk Forening 37 (5): 78-79.

LUCASSEN, J. (1976): *Corytophanes cristatus*. - Aquarium, Den Haag 47 (2): 32-34.

LÜTHI-MÜLLER, H. (1978): Ein "Mini-Saurier" für`s Terrarium - der Helmleguan. - Aquarien Mag. 12 (5): 226-228.

LUTTENBERGER, F. (1981): Haltung und Zucht von Helmbasilisken *Basiliscus b. basiliscus* (Linnaeus 1758) und einige ökologische Daten ihrer Lebensräume aus Panama. Zeitschrift des Kölner Zoo 24 (4): 115-125.

LYNN, W.G. (1944): Notes on some reptiles and amphibians from Ceiba, Honduras. - Copeia 1944 (3):189-190.

MARTENS, I.G.W. (1977): Ervaringen mct hct houden en kweken van *Basiliscus basiliscus basiliscus* in een huiskamerterrarium. - Lacerta 36 (2): 19-31.

MARTIN, P.S. (1958): A biogeography of reptiles and amphibians in the Gómez Farías region, Tamaulipas, Mexico. - Misc. Publ. Mus. Zool. Univ. Michigan 101: 1-102.

MATURANA, H.R. (1962): A study of the species of the genus *Basiliscus*. - Bull. Mus. comp. Zool. Harv. 128: 1-34.

McCARTHY, T.J. (1982): A note on the reproduction in *Laemanctus longipes* in Belize (Sauria: Iguanidae). - Caribean J. Sci. 18 (1-4): 133.

McCOY, C.J. (1968a): A review of the genus *Laemanctus* (Reptilia-Iguanidae). - Copeia 1968: 665-678.

McCOY, C.J. (1968b): Reproductive cycles and viviparity in Guatemalan *Corytophanes percarinatus* (Reptilia: Iguanidae). - Herpetologica 24: 175-178.

McCRANIE, J.R. & M.R. ESPINAL (1998): *Corytophanes hernandezii* (Hernandez´s Helmeted Basilisk). - Herp. Review 29 (3): 174.

McCRANIE, J.R. & L.D. WILSON (1998): *Corytophanes percarinatus* (Keeled

87

Helmeted Basilisk). - Herp. Review 29 (3): 174.

MERTENS, R. (1952): Die Amphibien und Reptilien von El Salvador. - Abhandl. Senckenb. Naturfors. Gesell. 487: 1-120.

MEYER, J.R. & L.D. WILSON (1973): A distributional checklist of the Turtles, Crocodilians, and Lizards of Honduras. - Contrib. Sci. Nat. Hist. Mus. Los Angeles County 244: 23-25.

MUDDE, P. (1984): Herpetologische waarnemingen in Costa Rica (9): Leguanen (Iguanidae). - Lacerta 43 (3): 52-54.

MUDDE, P.M. (1982): Groene leguanen, basilisken en wateragamen. - Lacerta 40 (10-11): 218-220.

MÜLLER, H. (1983): Beobachtungen bei der Haltung und Zucht von Basiliscus plumifrons im Terrarium. - Herpetofauna, Weinstadt, 5 (26): 17-19.

MÜLLER, M.J. (1996): Handbuch ausgewählter Klimastationen der Erde. 5. Aufl. - Trier (Forschungsstelle Bodenerosion der Universität Trier): 400 S.

MYERS, C.W. & A.S. RAND (1969): Checklist of amphibians and reptiles of Barro Colorado Islands, Panamá, with comments on faunal change and sampling. - Smithson. Contrib. Zool. 10: 1-11.

NEILL, W.T. & R. ALLEN (1959): Studies on the amphibians and reptiles of British Honduras. - Publ. Research Div. Ross Allen Reptile Inst. 2: 1-76.

OBST, F.J., K. RICHTER & U. JACOB (1984): Lexikon der Terraristik. - Edition Leipzig, 466 S.

OLEXA, A. (1986): Chov a rozmnozování baziliska zeleného Basiliscus plumifrons). - Akvarium Terrarium 29 (5): 31-32.

OOSTEVEN, H. (1973): Corytophanes cristatus in de natuur en in het terrarium. - Aquarium, Den Haag 44 (10): 268-273.

OOSTVEEN, H. (1974): Corytophanes cristatus in der Natur und im Terrarium. - DATZ 27 (3): 100-103.

ORTLEB, E.P. (1965): Hatching of basilisk eggs. - Herpetologica 20: 277-279.

PADILLA GARCÍA, U., W. SCHMIDT BALLARDO & F. MENDOZA QUIJANO (1996): Laemanctus serratus serratus (serrated casquehead iguana; lemacto coronado). - Herp. Review 27 (4): 211.

PARK, O. (1938): Studies in nocturnal ecology, VII. Preliminary observations on Panama rain forest animals. - Ecology 19: 208-223.

PAWLEY. R. (1972): Notes on the reproduction and behaviour of the green crested basilisk Basiliscus plumifrons at Brookfield Zoo, Chicago. - Int. Zoo Yb. 12: 141-144.

PÉREZ-HIGAREDA, G. (1980): Albinism in Corytophanes hernandezii (Lacertilia: Iguanidae). - Bull. Md. Herpetol. Soc. 16 (3): 97-98.

PÉREZ-HIGAREDA, G. (1981): Nesting and incubation times in Corytophanes hernandezii (Lacertilia: Iguanidae). - Bull. Md. Herpetol Soc. 17 (2): 71-73.

PÉREZ-HIGAREDA, G. & R.C. VOGT (1985): A new subspecies of arboreal lizard, genus laemanctus, from the mountainous region of Los Tuxtlas, Veracruz, Mexico (Lacertilia: Iguanidae). - Bull. Md. Herpetol. Soc. 21 (4): 139-144.

PERRON, S. (1974): Erfolgreiche Haltung und Nachzucht von Basiliscus basiliscus und Basiliscus plumifrons (Sauria: Iguanidae). - Salamandra 10 (2): 61-65.

PERRON, S. (1978): Erfolgreiche Basiliskenkreuzung Basiliscus plumifrons x Basiliscus basiliscus (Sauria, Iguanidae). - Frankenthal (privat gedruckt): 1-2.

PETERS, J. A. (1965): Miscellaneous notes on lizards from Ecuador. - Brit J. Herpetol. 3: 195-197.

PETZOLD, H.G. (1972): Basilisken. - Aquarien Terrarien, (Mschr. Ornith. Vivar. Ausg. B) 19 (8): 258.

POLOUCEK, R. (1992): Bazilisek Corytophanes cristatus. - Akvarium Terarium 35 (10): 25-27.

POLOUCEK, R. (1997): Dva nové druhy rodu Basiliscus v nasich teráriích (2) Corytophanes hernandezi. - Akvarium Terarium 40 (8): 44-47.

PONGRATZ, H. (1982): Nachzucht von Basiliscus plumifrons in der 2. Generation. DATZ 35 (3): 111-113.

RAND, A.S. & H. MARX (1967): Running speed of the lizard Basiliscus basiliscus on water. - Copeia 1967: 230-233.

RAND, A.S. & M.H. ROBINSON (1969): Predation on Iguana nests. - Herpetologica 26 (3): 172-174.

REAM, C.H. (1965): Notes on the behavior and egglaying of *Corytophanes cristatus*. - Herpetologica 20: 239-242.

REID, D. (1986): Walking on Water. - Practical Fishkeep 1986: 30-31.

RESE, R. (1987): *Basiliscus plumifrons*. - Amph.-Rept.-Kartei, Beilage in Sauria 9 (3): 87-88.

RUTHVEN, A. (1914): Description of a new species of *Basiliscus* from the region of the Sierra Nevada de Santa Marta, Colombia. - Proc. Biol. Soc. Wash. 27: 9-12.

SAJDAK, R.A., M.A.N. NICKERSON, R.W. HENDERSON & M.W. MOFFETT (1980): Notes on the movements of *Basiliscus plumifrons* (Sauria: Iguanidae) in Costa Rica. - Contrib. Biol. Geol. Milwaukee Publ. Mus. 36: 1-8.

SAVAGE, J.M. & J. VILLA (1986): Introduction to the herpetofauna of Costa Rica. - SSAR Contrib. Herpetol. 3: 1-207.

SCHARDT, M. & G. KÖHLER (1995). Bemerkungen zu einer interessanten Mißbildung bei *Basiliscus plumifrons*. - IGUANA Rundschreiben 8 (14): 24-25.

SCHARF, K. (1971): Helmbasilisken werden nicht zahm. - Aquarienmagazin 5 (3): 94-95.

SCHMIDT, K.P. (1941): The amphibians and reptiles of Britisch Honduras. - Field Mus. Nat. Hist. Zool. Ser. 22: 475-510.

SCHMIDT, P. (1914) Der Helmbasilisk (*Basiliscus americanus* Laur.) und einiges aus dem Gefangenschaftsleben der Basilisken im allgemeinen. - Wochenschr. Aquar.- Terr.-Kde 11: 362-363.

SCHMIDT, P. (1931): Der Streifenbasilisk (*Basiliscus vittatus*). - Wochenschr. Aquar.-Terr.-Kde 28: 5-7.

SCHWENK, K. S.K. SESSIONS & D.M. PECCININI SEALE (1982): Karyotypes of the basiliscine lizards *Corytophanes cristatus* and *Corytophanes hernandesii*, with comments on the relationship between chromosomal and morphological evolution in lizards. - Herpetologica 38 (4): 493-501.

SMITH, H.M. (1946): Notas sobre una coleccion- de reptiles y anfibios de Chiapas, Mex. - Revista Soc. Mex. Hist. Nat. 7 (1-4): 63-74.

SMITH, H.M. (1949): Miscellaneous notes on Mexican lizards. - J. Washington Acad. Sci. 39 (1): 34-43.

SNYDER, R. (1949): Bipedal locomotion of the lizard *Basiliscus basiliscus*. - Copeia 1949: 129-137.

SNYDER, R. (1954): The anatomy and function of the pelvic girdle and hindlimb in a lizard locomotion. - Amer. J. Anat. 95: 1-45.

STILING, P. (1989): Exotics biologieal invasions. - Fla. Wildl. 43 (5): 13-16.

STOLK, A. (1979): <Remarkable behaviour of *Laemanctus longipes* deborrei>. - Aquarium, Den Haag 50 (5): 131-132.

STRZELEWICZ, M.A., D.E. ULLREY, S.F. SCHAFER & J.P. BACON (1985): Feeding insectivores: increasing the calcium content of wax moth (*Galleria mellonella*) larvae. - J. Zoo Anim. Med. 16: 25-27.

STUART, L.C. (1935): A contribution to the knowledge of the herpetofauna of a portion of the savanna region of central El Petén, Guatemala. - Misc. Publ. Mus. Zool. Univ. Michigan 29: 1-56.

STUART, L.C. (1948): The amphibians and reptiles of Alta Verapaz, Guatemala. - Misc. Publ. Mus. Zool. Univ. Michigan 69: 1-109.

STUART, L.C. (1958): A study of the herpetofauna of the Uaxactun-Tikal area of northern El Petén, Guatemala. - Contr. Lab. Vert. Biol. Univ. Michigan 75: 1-30.

STUART, L.C. (1963): A checklist of the herpetofauna of Guatemala. - Misc. Publ. Mus. Zool. Univ. Michigan 122: 1-150.

STURM, H., A.L. ABOUCHAAR, B. DE BERNAL & C. DE HOYOS (1970): Distribucion de animales en las capas bajas de un bosque humedo tropical de la region Carare-Opón (Santander, Colombia). - Caldasia 10: 529-578.

TAYLOR, E.H. (1949): A preliminary account of the herpetofauna of the state of San Luis Potosí, México. - Univ. Kansas Sci. Bull. 33 (2): 169-215.

TAYLOR, E.H. (1956): A review of the lizards of Costa Rica. - Univ. Kansas Sci. Bull. 38 (1): 3-322.

TELFORD, S.R. JR. (1972): Malarial parasites of the »Jesu Christo« lizard *Basiliscus basiliscus* (Iguanidae) in Panama. - J. Protozool. 19 (1): 77-81.

TROMBETTA, D. (1988): *Basiliscus plumifrons* (COPE, 1876). Notes sur son maintien et sa reproduction en captivite. - Aquarama No. 101: 46-49 & No. 102: 34-37.

VAN DEN SANDE, A.P. (1974): Quelques presentations: Soa soa, agame aquatique indochinois, basilic a bondes. - Zoo Anvers. 39 (4): 140-142.

VAN DEVENDER, R.W (1982b): Growth and ecology of spiny-tailed and green iguanas in Costa Rica, with comments on the evolution of herbivory and body size.: 126-183 In: BURGHARDT, G.M. & A.S. RAND (Hrsg.): Iguanas of the world. - Park Ridge, N.J. (Noyes Publ.), 472 S.

VAN DEVENDER, R.W. (1976a): Comparative demography of Basiliscus basiliscus. - Herp. Review 7 (2): 99.

VAN DEVENDER, R.W. (1976b): The comparative demography of two local populations of the tropical lizard, Basiliscus basiliscus. - Diss. Abstr. int. (B) 36 (10): 4838-4839.

VAN DEVENDER, R.W. (1978): Growth ecology of a tropical lizard, Basiliscus basiliscus. - Ecology 59 (5):1031-1038.

VAN DEVENDER, R.W. (1982a): Comparative demography of the lizard Basiliscus basiliscus. - Herpetologica 38 (1): 189-208.

VAN DEVENDER, R.W. (1983): Basiliscus basiliscus (Chisbala, garrobo, Basilisk, Jesus Christ lizard). S. 79-380 in: JANZEN, D. H. (Hrsg.): Costa Rican Natural History. - Univ. Chicago Press (Chicago), 816 S.

VAN STEIJN, N. P. (1986): De verzoging en kweek van de groene basilisk, Basiliscus plumifrons. - Lacerta 44 (10-11): 183-185.

VAN TREIJEN, T. (1991): Problemen met de kweek van de Groene basilisk (Basiliscus plumifrons). - Lacerta 49 (4): 118-119.

VELDKAMP, H. (1993): Succesvol kweken met de Gestreepte basilisk (Basiliscus vittatus). - Lacerta 51 (4): 111-114.

VILLA, J. (1983): Nicaraguan fishes, amphibians and reptiles: checklist and bibliography. - Managua (Univ. Centroamericano), 53 S.

Villa, J. (1970): Gallegos, basilicos y passorios. - Medicina y Cultura 1970 (8): 5-8.

VILLA, J.D., L.D. WILSON & J.D. JOHNSON (1988): Middle American herpetology: a bibliographic checklist. - Univ. Missouri Press (Columbia), 132 S.

VOGEL, D. (1992): Haltung und Zucht von Laemanctus serratus über nehrere Generationen im Exotarium des Zoologischen Garten Frankfurt am Main. - IGUANA Rundschreiben 5 (2): 15-17.

WATKINS-COLWELL, G.J. (1993): Unusual food choice in captive sailfin water dragon (Hydrosaurus amboinensis). - Bull. Chicago Herpetol. Soc. 28 (10): 212.

WEHNER, W. (1966): Erfahrungen mit dem Streifenbasilisken, Basiliscus uittatus. - Aquarien Terrarien 13 (1): 31.

WERLER, J.E. (1970): Notes on young and eggs of captive reptiles. - Int. Zoo Yb. 10: 105-108

WERMUTH, H. (1960): Basilisken. - Aquarien Terrarien 7 (11): 344-345.

WEVER, E.G. (1971): The ear of Basiliscus basiliscus (Sauria: Iguanidae): it's structure and function. - Copeia 1971: 139-144.

WEYRAUCH, G. (1975): Seitenspezifische Atemhemmung als Anpassung im kryptischen Verhalten von Basiliscus basiliscus L. (Reptilia: Iguanidae). - Verhandlungen der Zool. Ges. 68: 149.

WILSON, L.D. & D.E. HAHN (1973): The herpetofauna of the Islas de la Bahia, Honduras. - Bull. Florida State Mus., Biol. Sci. 17 (2): 93-150.

WILSON. L.D. & J.R. McCRANIE (1979): New departmental records for reptiles and amphibians from Honduras. - Herp. Review 10 (1): 25.

WILSON, L.D. & L. PORRAS (1983): The ecological impact of man on the south Florida herpetofauna. Univ. Kansas Mus. Nat. Hist., Spec. Publ. 9: 1-89.

WINKLE, S. (1996): Pflege und Zucht von Stirnlappenbasilisken. - DATZ 49 (7): 434-436.

WRIGHT, A.S. (1987): Basiliscus vittatus, the two banded basilisk. S. 42-44 in: WELCH, K. R.: Handbook on the maintenance of reptiles in captivity. - Robert E. Krieger (Florida), 156 S.

ZUG, G.R. (1971): The distribution and patterns of the major arteries of the iguanids and comments on the intergeneric relationships of iguanids (Reptilia: Lacertilia). - Smithson. Contrib. Zool. 83: 1-23.

ZWAHLEN, R. (1981): Der Helmbasilisk - ein Drache in Kleinformat. - Aquaria 28 (2): 33-34.

8. Glossar

adult: geschlechtsreif, erwachsen

Amphigonia retardata: verzögerte Befruchtung nach Samenspeicherung durch das Weibchen

arborikol: auf Bäumen lebend

arid: trocken, niederschlagsarm

Arthropoden: Gliederfüßler (Insekten, Spinnentiere, Krebstiere)

autochthon: einheimisch, an Ort und Stelle entstanden

Biotop: Lebensraum

bipedal: auf zwei Füßen

carnivor: fleischfressend

caudal: am Schwanz, den Schwanz betreffend

diurnal: tagaktiv

dorsal: am Rücken

Geschlechtsdimorphismus: unterschiedliches Aussehen von geschlechtsreifen Männchen und Weibchen

Gingivitis: Entzündung des Zahnfleisches

ha: Hektar, 100 x 100 m

Habitat: charakteristischer Wohn- oder Standort einer Art

Hemipenes: paariges Kopulationsorgan der Echsen und Schlangen (Einzahl: Hemipenis)

herbivor: pflanzenfressend

Holotypus: Das zum Zeitpunkt der Erstbeschreibung als Belegexemplar angegebene Exemplar und damit das "Eichmaß" für die betreffende Art

Hybridisierung: Bastardisierung, Kreuzen zweier Arten

I.E.: Internationale Einheiten, Maßeinheit für Vitamine, Hormone etc.

i.m.: intramuskulär, in den Muskel infizieren

initial: zu Beginn, anfangs

Inkubation: Erbrüten von Eiern, Zeitigung

juvenil: jugendlich, noch nicht geschlechtsreif

Karyotyp: Chromosomengarnitur kg KM: Kilogramm Körpergewicht

Kloake: Endabschnitt des Darmkanals, in den die Ausführungsgänge der Genital- und Exkretionsorgane einmünden

Kopulation: Paarung

KRL: Kopf-Rumpf-Länge, Entfernung Schnauzenspitze bis Kloake

kryptische Färbung: Farbanpassung an die Umgebung

lateral: an der Seite, seitlich

Letaltemperatur: Temperatur, die für den Organismus tödlich ist

median: in der Mitte

Mikrophthalmie: Unterentwicklung der Augen

monotypische Art: Art, die nicht in mehrere Unterarten gegliedert ist

Mortalität: Sterblichkeit

olfaktorisch: mit Hilfe des Geruchssinnes

Oxytocin: wehenförderndes Hormon

parenteral: unter Umgehung des Magen-Darm-Kanals

Parthenogenese: Jungfernzeugung, Fortpflanzung ohne männliche Befruchtung; parthenogenisch reproduzierende Populationen bestehen in der Regel ausschließlich aus Weibchen

pathologisch: krankhaft

Peritonitis: Bauchfellentzündung

physiologisch: normal, der Gesundheit entsprechend

Pneumonie: Lungenentzündung

p.o.: per os, oral, ins Maul geben

Prädator: Freßfeind, Beutegreifer

semiadult: halberwachsen

semiarid: halbtrocken

Stomatitis: Entzündung der Mundschleimhaut

Sublabialia: Schuppen der Unterlippe

sympatrisch: zusammen vorkommend

Systematik: Lehre von der Klassifikation der Organismen

Territorialität: Bildung von Revieren und deren Verteidigung gegenüber Artgenossen

ventral: am Bauch

visuell: mit den Augen, Seh-, sehend

9. Anhang/Klima

Klimatische Jahreszyklen. Mittlere monatliche
Niederschläge (Balken) und mittlere Tagestemperaturen (obere Kurve) und Nachttempera-
turen (untere Kurve), nach MÜLLER 1996.

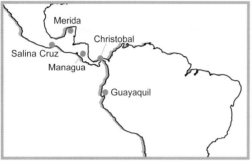

Guayaquil, Kolumbien

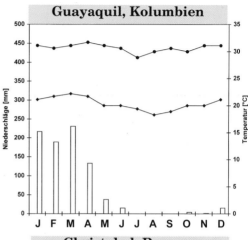

Managua, Nicaragua

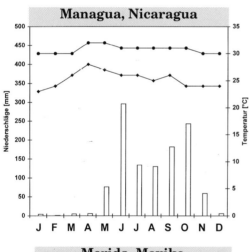

Christobal, Panama

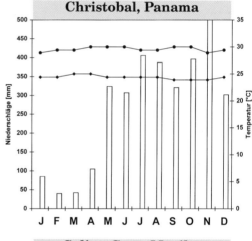

Merida, Mexiko

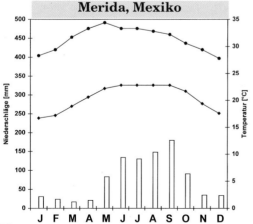

Salina Cruz, Mexiko

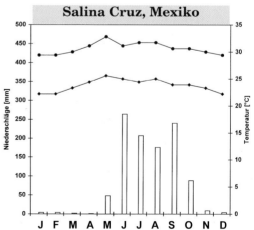

10. Danksagung

Mein besonderer Dank gilt all denjenigen, die mir Daten, Fotomaterial und eigene Erfahrungen für das Buch zur Verfügung gestellt haben. Hierzu gehören Malte Engelhardt, Frankfurt a.M., Willem Ferwerda, NL-Amsterdam, Sabine Furtwängler, Singen, Wolfgang Graichen, Freiberg, Günter und Caroline Kemmetter, Erpfting, Ingo Kober, Gaiberg, Daniel Kronauer, Heidelberg, Bert Langerwerf, Montevallo USA, Reinhard Merlau, Rodenbach, Gertjan Martens, NL-Amsterdam, Michael Necker, Altenstadt, Radek Poloucék, CZ-Brno, Florian Riedel, Reutlingen, Milan Vescly, CZ Olomouc, Rudolf Wicker, Frankfurt a.M. und Thomas Wilms, Bad Dürkheim. Rudolf Wicker und Dieter Vogel gilt mein Dank für die freundliche Unterstützung bei Fotoaufnahmen im Exotarium (Zoo Frankfurt).

Bei James Randy McCranie, Miami USA, bedanke ich mich für die Mitteilung von Fundortangaben. Martin Dölling und Uta Plackinger gilt mein Dank für die Mithilfe bei der Erstellung der Zeichnungen. Bei Götz Burré, Thansau, bedanke ich mich für die Durchsicht des Manuskripts.

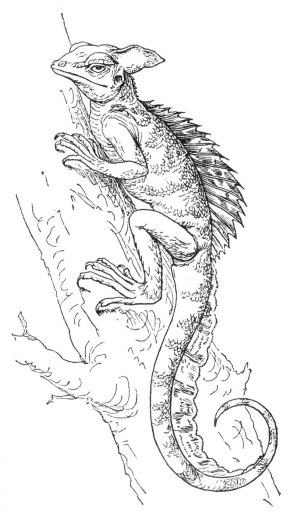

Helmbasilisk (Meyer`s Konversationslexikon, 1874).

11. Register

Inkubation von Reptilieneiern

Grundlagen, Anleitungen, Erfahrungen
von Gunther Köhler

205 S., 68 Farbfotos, 20 Schwarzweißfotos und 66
Zeichnungen und Diagramme, Festeinbd., 78,– DM

„Die gesamten Themen ‚rund ums Reptilienei'
sind gut dargestellt und mit beeindruckender
Gründlichkeit recherchiert und zusammen-
gestellt.
. . . sicherlich das wichtigste und beste
allgemein terrarienkundliche Werk der letzten
Jahre . . ."
H. WERNING [1997: Reptilia 2 (4)].

„Das Buch ist für Terrarianer sowie für
Herpetologen besonders wertvoll und wird
zur Optimierung der Zuchtbemühungen
beitragen."
Prof. Dr. W. KIRSCHE [1997: Elaphe N.F. 5 (3)].

Weitere Themen im Programm:

- **Reptilien und Amphibien Mittelamerikas** (in 3 Bänden) von G. Köhler
  Band 1: Echsen, ca. 160 Seiten, viele Farbfotos; Vorbestellpreis ca. DM 48,00,
  danach ca. 58,00 (Vorbestellpreis gilt bis zum Erscheinen); erscheint ca. III. Quartal '99

- **Krötenechsen** Lebensweise, Pflege und Zucht von B. Baur & R.R. Montanucci
  160 Seiten, 57 Farbf., DM 59,90

- **Der Grüne Leguan** 3. stark erweiterte Neuauflage 1998
  Biologie, Pflege und Zucht und Erkrankungen von G. Köhler, 160 S., 90 Farbf., DM 58,00

- **Videofilm Der Grüne Leguan**, Pflege und Zucht
  VHS, Farbe, 80 Min., DM 39,90

- **Der Grüne Baumpython** Lebensweise, Pflege und Zucht von M. Weier & R. Vitt
  112 Seiten, 51 Farbf., DM 44,00

- **Schwarze Leguane** Lebensweise, Pflege und Zucht von G. Köhler
  126 Seiten, 23 Farbf., DM 29,80

- **Dornschwanzagamen** Lebensweise, Pflege und Zucht von T. Wilms
  130 Seiten, 27 Farbfotos; DM 34,90

- **Warane** Lebensweise, Pflege und Zucht von B. Eidenmüller
  160 S., 63 Farbf.; DM 48,00